직장 내 자기 가치를 높이는
신입사원
업무 스킬

직장 내 자기 가치를 높이는

신입사원
업무 스킬

초판 1쇄 발행 | 2023년 9월 15일
초판 3쇄 발행 | 2024년 1월 25일

지은이 | 김동주
펴낸이 | 박영욱
펴낸곳 | (주)북오션

주　　소 | 서울시 마포구 월드컵로 14길 62 북오션빌딩
이메일 | bookocean@naver.com
네이버포스트 | post.naver.com/bookocean
페이스북 | facebook.com/bookocean.book
인스타그램 | instagram.com/bookocean777
유튜브 | 쏠쏠TV・쏠쏠라이프TV
전　　화 | 편집문의: 02-325-9172　영업문의: 02-322-6709
팩　　스 | 02-3143-3964

출판신고번호 | 제 2007-000197호

ISBN 978-89-6799-787-8 (13320)

*이 책은 (주)북오션이 저작권자와의 계약에 따라 발행한 것이므로 내용의 일부 또는 전부를
 이용하려면 반드시 북오션의 서면 동의를 받아야 합니다.
*책값은 뒤표지에 있습니다.
*잘못 만들어진 책은 구입하신 서점에서 교환해 드립니다.

직장 내 자기 가치를 높이는

신입사원 업무 스킬

• 김동주 지음

북오션

추천사 1

여름이었다.

그 친구는 약속 시간보다 미리 도착해서 기다리고 있었다. 직장 동료이자 나에게는 선배와의 만남이었다. 나는 신입사원이었고 그는 나보다 경험이 많았다. 나의 어려움에 대한 고민 상담은 언제나 그의 몫이었다.

그는 본인의 노하우를 하나하나 다 알려주었다. 사소한 문서 작성부터 프로그램 사용법까지 본인이 모르는 것은 다른 사람에게 배워서 알려주었다. 참 좋은 선배였다. 나도 그 친구처럼 되고 싶다는 생각을 했다. 내 회사 생활 롤모델이었다.

그 생각 덕분에 지금 나는 후배들에게 나름 좋은 선배로 지내고 있다.

새로운 도전을 위해 회사를 떠난다고 했을 때 나는 그에 대해 많은 걱정을 하지 않았다. 그는 늘 자신의 비전을 뚜렷하게 가지고 있었고 목표 의식이 확실했기 때문이다.

　그리고 그의 도전 중 하나인 이 책은 내 신입사원 시절 그가 내게 알려 준 모든 것들이다. 퇴근도 마다하고 늦은 시간까지 내 옆에서 많은 것을 알려주던 그 세세함이 다시 기억났다.

　아마 그 친구는 이 책을 쓰면서 수만 번을 지우고 쓰고를 반복했을 것이다. 어떻게 하면 조금이라도 더 쉽고 편하게 받아들여질까를 고민하면서 말이다. 어떻게 보면 그런 그의 글도 그가 표현하는 친절함과 공감 능력 중 하나일 것이다.

　이 책을 읽는 사람들도 그의 마음을 느낄 수 있었으면 좋겠다. 보잘것없던 한 신입사원이 힘든 시간을 이겨낼 수 있게 만든 그의 조언처럼 독자들도 그랬으면 한다.

　마지막으로 나의 오랜 친구의 도전을 진심으로 응원하며 당신의 친구라는 게 영광이라는 말을 꼭 해주고 싶다.

삼성 그룹 첫 후배였던
장정탁

추천사 2

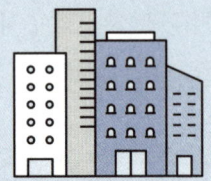

　자소서에 채워 넣을 글자 수를 보는 것만으로도 긴장하던 우리가 이제는 대부분 과장 직급을 달았다.

　지금도 우리 모두가 취업에 성공해 함께 축하하던 날이 생생하게 기억난다. 사원증을 목에 걸고 커피를 한입 마시며 무언가를 멋지게 해내고 있을 각자의 모습을 상상하며, 끝이 없을 것만 같았던 취업 준비가 마침내 끝났다는 사실에 안도했었다.

　그러나 부푼 마음으로 출근한 사무실에선 상상 속의 내 모습은 온데간데없었다.

　시도 때도 없이 걸려 오는 전화를 받는 것도, 얼굴도 모르는 누군가에게 이메일을 회신하는 것도, 심지어 복사기의 버튼을 누르는 것조차 조심스러웠다. 누군가에게 물어보자니 기본도 모르는 신입사원으로 보일까 걱정됐고, 스스로 해보려니 안 하느니만 못한 결과가 되어 되레 의기소침해지기 일쑤였다.

그러나 우리 중 그 친구만큼은 달랐다. 장기 해외 출장과 바쁜 업무를 흐트러짐 없이 처리하는 바쁜 와중에 속내를 터놓는 게 내심 미안했지만, 그 친구는 우리가 겪었을 어려움과 문제들을 듣곤 자신의 경험을 토대로 심심한 위로와 조언을 건네곤 했다.

당시에는 그저 마음의 위안을 얻은 것만으로도 고마웠지만, 돌이켜 보면 나의 실수를 줄이고 실로 나에게 도움이 된 훌륭한 가이드였다.

이 책은 그때의 든든하고 의지가 되던 친구의 모습을 생생하게 떠올리게 해준다.

우리에게도 그랬던 것처럼 그 친구만의 노하우가 우리와 같은 고민을 겪고 있을 지금의 신입사원들에게 든든한 가이드가 되어줄 것이라고 감히 확신한다.

끝으로, 이 멋진 책에 추천사를 작성할 기회를 준 친구에게 감사와 존경을 담아 이 글을 바친다.

10년 이상의 사회생활을 모두 지켜본
고등학교 친구 일동

들어가며

이 책은 인턴사원 또는 신입사원으로서 회사 생활에 적응하고 업무를 수행하는 데 여러 어려움을 겪고 있는 모든 분을 위해 만들었습니다. 최종 관문인 면접까지 뚫고 힘들게 입사했는데 제대로 알려주는 사람도 없어서 힘들어하는 분, 업무를 꾸역꾸역 진행하는데 보람이 없는 분, 비즈니스 매너나 업무 프로세스를 체계적으로 배우고 싶은 분, 회사생활 관련 꿀팁을 얻고 싶은 분 등을 위해 회사생활과 관련된 A부터 Z까지 모든 것을 담았습니다. 이론적이거나 지루한 내용이 아니라 제가 직접 겪은 두 번의 신입사원 생활과 자기소개서 첨삭 전문가로 활동하며 경험한 많은 내용을 다루고 있습니다.

저 역시 경험하기 힘든 두 번의 신입사원을 겪으면서 예상외로 힘든 부분이 많았습니다. 그럴 때마다 교과서나 지침서처럼 유형별로 도움을 받을 수 있는 가이드가 있으면 좋을 것 같다는 생각을 많이 했습니다. 물론 입사 후 부서에 배치된 다음 처음 출근했을 때 "궁금한 부분이 있으면 편하게 무엇이든 물어보세요"라고 말하지만, 다들 바빠 보이고 '이런 것까지 물어봐도 되나?' 판단이 제대로 서지 않는 부분들이 많았습니다. 동기들에게도 여러 번 물어봤지만, 똑같이 신입사원으로 입사해서 같은 어려움을 겪고 있기에 뚜렷한 해답을 찾기 힘들었습니다. 공통 교육을 몇 달 동안 받은 후 새로운 부서에 배치되었지만, 실제로 회사생활을 하나씩 해보니 배우지 않은 부분이 훨씬 많았고 매일 새로운 유형의 고민이 시작되어 스트레스를 많이 받기도 했습니다. 신입사원으로 입사 후 겪는 이러한 과정은 현재 새로 입사한 신입사원들도 같다고 생각합니다. 여러 고민과 혼란에 빠져있을 모든 신입사원에게 직접적인 도움이 되고자 하나하나 실제로 회사생활에 꼭 필요한 내용만 담았고, 최근 트렌드에 맞춰 업데이트했습니다.

　이 책은 두 번의 신입사원 생활을 통해 얻은 꿀팁과 회사생활에 대한 노하우를 다루고 있습니다. 더 나아가 자기소개서 첨삭 전문가 활동을 통해 많은 취준생(취업준비생), 인턴사원, 신입사원을 만났고, 고민하는 부분에 대해 조언을 건네고 함께 답을 찾아갔던 과정까지 담겨있습니다.

　이 책을 한 번 읽고 모두 기억하지 못하더라도, 책을 노트와 함께 가지고 다니거나 추후에 출간될 전자책을 태블릿 PC에 담아 소지한다면 회사 내 웬만한 어려움은 다 이겨낼 수 있을 거로 생각합니다. 그리고 몇 개월 후면 어느새 업무에 능숙해진 내 모습이 보일 것이고, 새로 들어오는 신입사원을 위한 자기만의 노하우가 쌓여있을 겁니다.

　누구 하나 쉽게 믿을 수 없는 힘든 회사생활에서 이 책이 동아줄이 되었으면 하는 바람을 담았습니다. 회사생활을 하는 목적은 사람마다 다양합니다. '자아실현'인 사람도 있고, 단순히 '돈을 버는 수단'에 불과한 사람도 있습니다. 모두가 정답이 될 수 있다고 생각합니다. 단, 어떠한 목적이든 회사생활에서 겪는 어려움은 같을 것입니다. 그리고 이를 슬기롭게 극복하지 못한다면 회사가 스트레스'만'을 주는 장소로 전락하기 쉽습니다. 이러한 신입사원들을 위해 이 책을 작성하였고, 이 책과 함께 힘든 회사생활을 슬기롭게 이겨내며 큰 보람과 기쁨을 맛보기를 바랍니다.

차례

- 💡 추천사 1 • **4**
- 💡 추천사 2 • **6**
- 💡 들어가며 • **8**

PART 1 기본기가 되어 있는 신입사원

- 01 메모를 통해 나를 드러내기 • **16**
- 02 목표 설정 및 계획 세우기 • **23**
- 03 실천하는 나만의 노하우 • **31**
- 04 꼼꼼하게 시간 관리하는 방법 • **34**
- 05 멘탈 및 스트레스 관리 • **38**

PART 2 가치를 높여 주는 문서 작성 스킬

- 01 프로다운 이메일 작성법 • **46**
- 02 보고(프레젠테이션) 및 문서 작성법 • **115**

PART 3 업무 완벽하게 준비하기

01 명함 주고받는 방법 • **136**
02 폴더와 파일 체계적으로 정리하기 • **140**
03 자동차, 회의실 등에서 위치 파악하기 • **145**
04 품의서 등 결재 상신하기 • **149**
05 업무 전화 깔끔하게 받기 • **156**
06 업무 회의 완벽하게 끝내기 • **162**

PART 4 인간관계 관리를 통한 스트레스 줄이기

01 상사/동료와의 관계 • **180**
02 갈등 해결 노하우 • **183**
03 커뮤니케이션 기술 • **186**

PART 5 신입사원에게 건네는 현명한 어드바이스

- 01 서로에 대해 이해하기 • **192**
- 02 회사에 올인하지 않는 MZ세대 • **195**
- 03 나만의 경쟁력 키우기 • **197**
- 04 회사생활을 통해 내가 얻은 것, 그리고 잃은 것 • **199**
- 05 지속 가능한 성장 추구 • **201**

PART 6 부록: 실전 회사생활에 대한 꿀팁(조언)

- 01 회사생활을 위한 기본 꿀팁 • **206**
- 02 회사생활에 유용한 애플리케이션 • **230**
- 03 신입사원이 자주 묻는 질문(FAQ) • **233**

💡 마치며 • **259**

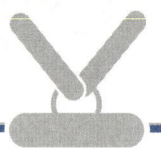

01 메모를 통해 나를 드러내기

　업무 관련 생소한 용어들, 상사의 지시 사항, 회사 관련 공지 등 모두 받아 적기는 하는데… 이게 맞는지, 무엇을 적어야 하는지 고민 중인가요? 어떻게 체계적으로 메모해야 하는지, 메모를 하고 난 후 연관해서 업무는 어떻게 수행해야 하는지 등등 모든 것이 낯설고 혼란스러울 것이라 생각합니다.

　메모는 자신에게 가장 잘 맞는 효율적인 방법으로 하는 게 좋지만, 관련하여 아예 감이 없는 분들을 위해 간단하고 효율적인 메모 방법을 알려주겠습니다. 알려주는 이 방법만이 무조건 정답은 아닙니다. 하지만 개인적으로 여러 메모 방법을 적용했을 때 해당 방법이 가장 효율적이었다고 생각합니다. 한번 따라해보고 조금씩 수정하며 '나만의 메모법'을 만들어가는 것이 좋습니다.

메모를 통해 나를 드러내자

메모의 중요성

메모는 직무 관련 지식을 습득하는 과정에서 추후 되뇔 수 있도록 기록하는 기능이 있습니다. 또한, 상사 입장에서는 '성실성+적극성' 판단의 척도가 됩니다. 가벼운 미팅에 참석할 때도 항상 노트와 필기구를 지참한다면 '배울 준비가 된 신입사원'이라는 느낌을 강하게 줄 수 있습니다. 그뿐만 아니라, 인간은 망각의 동물이기에 체계적인 메모를 통해 기억을 돕고 이후 업무를 수행하는 방향을 설정하는 데에도 필수적입니다.

메모가 필요할 때

항상 노트와 필기도구를 지참해야 합니다. 또는 다소 자유로운 분위기의 회사 또는 조직이라면 아이패드나 갤럭시탭 등의 '태블릿 PC'도 좋습니다.

언제 어디서든 예상하지 못한 순간에서 메모할 상황이 발생하기 때문에 항상 준비된 모습을 보여주는 것이 좋습니다. "간단하게 얘기만 할 거야"라고 말하며 면담을 하자고 해도, 크고 작은 내부 미팅, 협력사와의 미팅 등 상관없이 업무상 다른 사람을 만나는 일이 발생하면 꼭 메모를 위한 도구를 지참하는 것이 중요합니다.

메모의 도구

과거 노트 등에 볼펜으로 메모하는 것을 넘어 최근에는 아이패드 등의 태블릿 PC를 사용하는 경우도 많습니다. 단, 일부 보수적인 분위기가 있는 팀의 경우 이러한 태블릿 PC의 사용을 좋지 않게 볼 수 있으니 우선은 노트로 메모를 시작하는 것이 좋다고 생각합니다.

추천하는 메모 방법

노트 좌측

Draft, 즉 미팅 등에서 나오는 내용을 날것 그대로 작성합니다. 업무 관련 사항, 지시 사항 등의 미팅 내용을 전부 적어 추후 체계적으로 정리하기 위한 소스로 사용합니다.

3색 볼펜을 주로 사용하고, 검은색(내용), 파란색(굵직한 주제), 빨간색(기한)으로 메모하면 추후 한눈에 알아보기 쉽습니다.

노트 우측

우선 노트 좌측에 적은 날것 그대로의 내용을 확인합니다. 이후, 업무 관련 사항과 내가 할 일을 발췌하고 노트 우측에 체계적으로 적어줍니다(추후 리마인드를 하기 위해 중·장기적인 내용은 캘린더에 함께 표기).

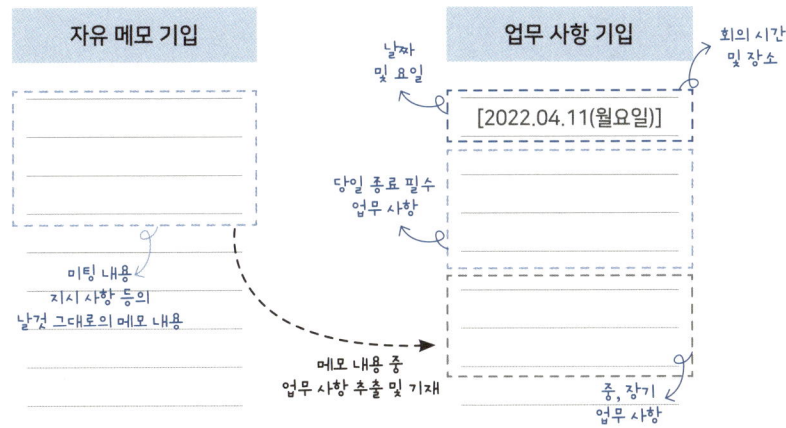

① 날짜 및 해당일 미팅 등의 내용 기입

오늘의 날짜(예: 2022년 6월 1일 수요일)를 적어준 다음, 오늘 예정된 미팅을 적어줍니다.

② 당일 종료 필수 업무 사항

오늘까지 꼭 끝내야 하는 필수 업무 사항들을 적어줍니다.

③ 중·장기 업무 사항

그 아래에 중·장기 업무 사항을 적어줍니다. 10~30일 내로 완료해야 하는 업무 사항들입니다. 당일 종료해야 하는 업무들보다는 우선순위에서 밀리지만 함께 챙기면서 수행해야 합니다. 중·장기 업무 사항의 경우 팀장님이 먼저 묻지 않아도 주기적인 중간보고를 통해 업무 진척 사항을 보고하는 것이 좋습니다.

메모 후 Next Step

캘린더와 연계

탁상 캘린더 등에 주요 일정 및 업무 사항을 기입하고, 일정에 맞게 업무를 수행합니다. 또는 일정 관리 프로그램을 통해 알림을 받는 것도 좋습니다. 단순히 메모하는 것을 넘어, 꼼꼼한 일정 관리를 통해 놓치는 업무가 없도록 관리해야 합니다.

성장성

업무 지식	프로젝트	업무 외	교육 등 OJT

메모 중 중요한 내용(예: 업무 지식, 프로젝트 내용 등)을 정리 후, Excel 파일 등에 정리하여 나만의 자료로 만들면 체계적인 업무 지식 습득이 가능합니다. 이러한 나만의 자료이자 매뉴얼은 업무 수행 능력을 향상하는 데에 큰 도움이 되고, 차별화된 무기로 사용 가능합니다. 이뿐만 아니라 성장할수록, 연차가 쌓일수록 더 넓은 범위의 업무를 수행하게 되는데 모든 업무를 연속적으로 수행하는 것은 아닙니다. 즉, 큰 공백 후 새로 이어서 하는 업무의 경우 수행 방법, 프로그램 활용법 등을 잊기 쉽습니다.

그렇기 때문에 이렇게 정리한 자료가 추후 체계적인 업무를 수행하는 데에 큰 도움을 주며, 후배 교육 등을 위한 자료 소스로도 활용할 수 있기에 배운 내용을 틈틈이 정리하고 자료화하는 것이 중요합니다.

꿀팁 더하기

- 많은 양의 지식을 짧은 기간 내에 배우다 보면 모두 기억하기 쉽지 않습니다. Excel 파일 등에 체계적으로 정리하여 '나만의 매뉴얼'을 만들도록 합니다.
- 업무 플랫폼 등에 대해 교육받을 때에는 메모 등의 손 글씨보다 동영상 촬영이 훨씬 효율적입니다. 사전에 촬영 허락을 받은 후, 웬만하면 동영상으로 기록하도록 합니다.
- 메모하는 방법을 활용하여 Excel, 스티커 노트 등 노트북으로 작성해도 무방합니다. 즉, 메모를 통해 놓치는 업무 지시 등이 없도록 하며, 이와 동시에 내가 해야 하는 업무들을 일정에 맞게 체계적으로 수행할 수 있다면 어떠한 도구든 상관없습니다.

02 목표 설정 및 계획 세우기

어떠한 일을 수행하기 전, 목표를 설정하지 않은 상태로 나아간다면 방향성을 잃기 쉽습니다. 그리고 현재 위치가 어느 정도인지 알기 힘들고, 궤도에서 얼마나 떨어져 있는지 어떻게 방향을 수정해 나가야 하는지 알 수 없습니다. 심지어 목표를 초과 달성하더라도 그 괄목할 만한 성과에 대해 구체적으로 파악하기 힘듭니다.

그래서 사전에 '목표'를 설정하고 이를 바탕으로 체계적으로 계획을 수립한 후, 확인하며 조금씩 나아가는 것이 매우 중요하다고 생각합니다. 특히, 회사는 항상 어느 정도의 성과를 창출해야 하고, 이는 곧 나의 능력과 연결되기 때문에 목표 설정, 이를 바탕으로 한 계획 수립에 대해 더욱 강조하고 싶습니다. 보통 연말에 1년의 성과를 파악하는데, 정량적 그리고 정성적인 자기 성과를 명확히 하기 위해 매우 중요한 과정이라고 생각합니다.

목표 설정

조직 목표

조직 목표는 KPI(Key Performance Indicator, 핵심성과지표)를 기반으로 정량, 정성적인 수치를 통해 기한과 함께 정합니다. 신입사원으로 입사했을 때에는 대부분 입사한 해의 목표가 이미 설정되어 있기 때문에 수립할 때 따로 기여하는 바는 없습니다. 단, 조직의 목표가 무엇인지 구체적으로 파악한 다음, 다이어리 제일 앞장에 붙이거나 Excel 파일 등으로 저장하는 것이 중요합니다. 이를 기반으로 현재 어느 위치에 있는지 객관적으로 명확하게 파악할 수 있고, 남아 있는 업무에 대해 기한을 바탕으로 우선순위를 부여하고 중점적으로 수행해야 하는 업무를 필터링할 수 있기 때문입니다.

조직 목표의 각 항목에 따라 가중치를 퍼센티지(%) 등으로 부여한 후, 한 해를 마감하는 시점에 평가하여 개인의 역량, 업적 평가 등에 반영하게 됩니다. 이후 연말부터 다음 해 초 사이에 회사의 큰 경영 목표를 바탕으로 조직별 목표를 수립하는 경우가 대다수입니다. 입사한 해를 잘 마무리한 다음, 다음 해의 조직 목표를 수립할 때 적극적으로 참여하며 전체 과정을 경험하는 것을 추천합니다. 현재 우리 조직의 연간 목표는 무엇이고, 이는 어떠한 회사 목표와 연결되어 있는지, 어떠한 기준을 어떻게 수립하는지 등에 대해 말이죠.

개인 목표

신입사원으로서 조직 목표에 대해 자유롭게 의견을 펼칠 수는 있지만, 수정 등을 할 수 있는 경우는 극히 드물다고 생각합니다. 반면, 이 개인적인 목표는 얼마든지 자유롭게 수립할 수 있습니다.

업무에 대해 적극적으로 배우며 조직 목표를 달성하는 과정에서도 많은 것을 배울 수 있는 것이 사실입니다. 그러나 개인 목표를 수립하고 달성하는 것을 배제한다면 성장하는 과정에서 미흡한 부분이 발생할 수밖에 없습니다. 성취감도 떨어지기 마련입니다. 목표를 설정할 때 고려해야 할 점은 다음과 같습니다.

① 성취감

다짜고짜 달성하기 힘든 목표를 설정하는 것이 아닌, 실현 가능성이 높은 목표를 수립한 후 달성하며 성취감을 조금씩 느끼는 것을 추천합니다. 이러한 성취감은 더 높은 목표를 수립하게 만드는 원동력이 되고, 이러한 성취감이 모여 성장하게 됩니다. 예를 들어, '어학 역량 향상하기', '외부 세미나 참여하기', '체력 수준 높이기' 등 말이죠. 특히 실행력이 부족한 신입사원의 경우, 회사생활에 적응하기도 벅차기 때문에 아주 작은 목표부터 하나씩 쌓아나가는 것이 좋습니다.

② 구체적인 목표

개인 목표 역시 추후 내가 달성했는지 여부와 함께 실패의 원인을 분석하며 성공을 위해 다시 노력하기 위해서는 구체적인 목표를 수립해야 합니다. 예를 들어 다음과 같은 목표는 지양해야 합니다. '영어성적 향상하기', '자격증 취득하기', '마케팅 분야 전문성 향상하기'. 대신 최대한 수치를 바탕으로 정량적으로 수립해야 객관적으로 달성 여부를 확인할 수 있고, 미흡한 부분을 확인하며 지속 가능한 성장을 추구할 수 있습니다. 다음 예시인 'TOEIC 700점 이상 달성하기', '산업안전기사 자격증 취득하기', '마케팅 관련 서적 3권 이상 읽고 정리하기'와 같이 말이죠. 전의 예시보다 더 구체적이고 명확한 수치를 바탕으로 목표를 수립했기에 추후 객관적인 중간평가 등이 가능합니다.

③ 기한 부여

아무리 달성하기 쉬운 목표여도 기한을 1년 등으로 길게 부여한다면 아무런 동기를 얻지 못할 것입니다. 어쩌면 다이어리 첫 장에 적어둔 후 다시는 펴지 않을 수도 있습니다. 그렇기 때문에 목표 달성을 위한 원동력을 얻고 긴장감을 주기 위해서는 명확한 기한을 부여해야 합니다. 예시는 다음과 같습니다.

- 상반기 내 자동화 기술 박람회 2회 방문 및 업체 리스트 파일 정리
- 2개월 내 OPIc IM2 이상 달성
- 9월 내 산업안전기사 자격증 취득
- JLPT N3 달성

주의해야 할 점은 여유롭게 기한을 부여하는 것이 아닌, 다소 긴장감을 줄 수 있는 정도의 기간으로 설정해야 한다는 것입니다. 또한 어떠한 이유로 달성하지 못할 것으로 예상되면 임의로 기한을 연장하는 것이 아니라 원인을 분석하고 자기 자신에게 피드백하는 시간을 가져야 합니다.

④ 목표 구분

개인 목표를 설정할 때, '회사 및 업무와 관련된 목표', '관련 없는 목표' 크게 두 가지로 구분해서 수립해야 합니다.

– 회사 및 업무와 관련된 목표

업무를 수행하며 개인적인 역량 향상을 위해 목표를 수립하는 것을 의미합니다. 일과시간 내 여유가 있을 때 수행 가능한 목표이며, 목표 수립 전 사수, 선임 등에게 갖추면 좋은 역량 등에 대해 물어보고 방향을 수립하는 것도 좋습니다. 다음과 같은 예시를 바탕으로 말이죠.

- 상반기 내 푸드 박람회 2회 방문 및 HMR 포장 선진기술 업체 Pool 확보
- 설계 역량 향상을 위한 올해 내 화공기사 자격증 취득
- 신사업 중국 진출 대비를 위한 중국어 역량 향상 - HSK 5급 달성
- 디자인 역량 향상 - GTQ 일러스트 2급 자격증 취득

특히, 회사에서 자격증 취득 시 부여하는 인센티브나 교육 지원 등의 복리후생이 있는 경우도 있기 때문에 사전에 자세히 확인하면 더욱 좋습니다.

- 회사 및 업무와 관련 없는 목표

회사 및 업무 관련 전문성을 향상하는 것이 아닌, 오롯이 개인을 위한 목표를 수립하는 것도 좋습니다. 항상 그 자리에 머물러 있는 것보다 목표 수립과 달성을 통해 성장하는 것에서 또 다른 뿌듯함을 느낄 수 있기 때문입니다. 여행 등도 개인적인 목표에 해당됩니다. 꼭 성장하기 위한 목표에만 집착하는 것이 아닌 리프레시를 위한 나만의 휴가도 하나의 목표가 될 수 있습니다. 다음과 같은 예시를 참고해서 목표를 수립해보는 것은 어떨까요?

- 상반기 내 요가 지도자과정 자격증 취득
- 8월 내 다이어트(체지방률 5% 미만) 및 보디 프로필 촬영
- 올해 내 가족과 함께 동남아 여행하기
- 볼링 동아리에 가입해서 상반기 내 평균 130점 달성하기

계획 세우기

목표를 수립한 후, 이를 바탕으로 구체적인 계획까지 이어지지 않는다면 달성할 가능성은 제로에 가깝습니다. 아무리 작은 목표여도 하루 이틀 새 이루기는 어렵기 때문에, 목표를 바탕으로 세부적인 계획을 세워 조금씩 나아갈 수 있도록 만드는 것은 필수입니다.

특히, 다음의 예시에서 막연한 목표를 설정한 왼쪽보다는 오른쪽과 같이 가능한 '주기'와 함께 최대한 구체적으로 적을 수 있도록 합니다. 월간, 주간, 일간 등 최대한 세분화하여 작성하는 것을 추천합니다.

- 상반기 내 OPIc IM2 이상 달성 → 전화영어 일주일에 2회 15분씩 하기
- 6월 내 다이어트(체지방률 5% 미만) 성공 → 조깅 일주일에 최소 2회 30분 하기
- 마케팅 업체 Pool 10개 이상 확보 → 두 달에 한 번 이상 마케팅 박람회 또는 세미나 참석

03 실천하는 나만의 노하우

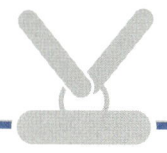

끊임없는 리마인드(Remind)

목표를 바탕으로 수립한 계획을 하나씩 체계적으로 수행하기 위해서는 끊임없는 리마인드가 필수입니다.

'아, 내가 이 계획을 언제까지 꼭 실천해서 이러한 목표를 달성해야지'라고 지속적으로 되뇔 수 있도록 만들어야 합니다. 이를 위해서는 회사에서 가장 내 손을 많이 타고 눈길이 많이 가는 곳에 목표와 계획을 적어두어야 합니다. 예를 들어, 노트(메모장), 모니터(포스트잇 등 사용), 노트북 바탕화면, 핸드폰 배경 등에 말입니다. 다소 미진한 부분이 있다면 스스로 부끄러워하며 반성하고 더 극한의 노력을 기울일 수 있도록 끊임없이 자신이 세운 목표 및 계획과 마주하도록 하세요.

예외 인정하지 않기

회사생활을 하다 보면 야근 등 수없이 많은 예측할 수 없는 일들이 발생하기 마련입니다. 이러한 부분은 실천을 방해하는 요소가 맞지만, 목표 달성의 예외로 인정하지 않는 자세가 중요합니다. 즉, 오늘의 계획을 달성하지 못했다면, 내일 원래의 할당량보다 더 많이 하는 등 기한 내 수립한 목표를 끝내 성공적으로 달성하기 위해 나아가야 합니다.

저 같은 경우에는 이러한 예측할 수 없는 일들에 스트레스를 다소 받았던 것이 사실입니다. 이를 피하기 위해 새벽에 일어나 출근 전까지 온전히 나만의 시간을 가지며 집중할 수 있는 시간을 최대한 확보하기 위해 노력했습니다.

성장 후 내 모습 상상하기

아무리 달성하기 쉬운 목표와 계획을 수립했다고 하더라도, 나아가는 과정에서 여러 어려움이 따를 것이라 생각합니다. 그럴 때마다 '아, 내가 지금 왜 이렇게까지 해야 하는 거지?'라는 생각이 절로 들며 당장이라도 포기하고 싶을 겁니다. 포기가 아닌, 이를 모두 성공적으로 달성한 후 성장한 내 모습을 상상하며 다시 한번 이를 악물기 위해 노력해야 한다는 점을 강조하고 싶습니다. 어제보다 조금이나마 성장한 오늘의 나, 그리고 더 나아가 내일의 나를 생각하는 것은 어떨까요? 작은 조각들이 모여 어느새 큰 성이 하나 완성되어 있을 겁니다.

공유하기

실천하기 위한 좋은 방법 중 하나는 내 목표를 회사 구성원들에게 적극적으로 알리는 것입니다.

"나 언제까지 이 목표 달성할 거야."

"달라지기 위해서 상반기까지 HSK 4급 취득한 다음에 중국 지역 전문가로 파견 갈 거야."

등으로 말이죠. 아마 부끄러운 모습을 보이기 싫어서라도 하루하루 노력하는 내 모습을 발견할 수 있을 겁니다. 회사 관련한 목표는 회사 구성원들에게 알리는 것이 좋지만, 개인적인 목표라면 친구 또는 가족 등에게 공유하는 것도 한 가지 좋은 전략이 될 수 있다고 생각합니다.

# 04 꼼꼼하게 시간 관리하는 방법

시간의 단위 설정

꼼꼼한 시간 관리를 위해 시간의 단위를 최대한 작게 설정하는 것이 중요합니다. 즉, 익숙한 1시간 단위가 아닌, 30분, 15분, 10분 등의 더 작은 단위로 시간을 관리하게 되면 생각보다 내가 놓치고 있거나 낭비하고 있는 시간이 있다는 사실을 알 수 있습니다.

목표와 계획을 바탕으로 한 체계적인 관리

모든 업무가 목표와 계획에 따라 진행될 수는 없는 것이 사실이지만, 큰 구도는 이에 맞도록 맞춰져야 합니다. 이러한 방향으로 나아가며 업무 수행의 방향성을 명확하게 해야 꼼꼼하게 시간을 관리할 수 있습니다.

더불어 이벤트성 또는 긴급하게 수행해야 하는 업무가 생기면 당황하지 않고, 남은 업무시간과 확보할 수 있는 틈새(자투리) 시간을 계산하여 하나씩 처리할 수 있도록 합니다.

하루 전 계획 및 일정 확인하기

아무리 목표와 계획을 수립했다고 하더라도 출근 후 당일에 '어떠한 일을 해야 되지?'라고 하며 하나씩 확인하는 것은 다소 효율적이지 못합니다. 대신 하루 전, 다음 날 해야 할 업무에 대해 체계적으로 정리하고 미리 우선순위를 부여하는 것이 좋습니다. 직접 해보면 효율도 더 높아지고, 출근하는 길에 그리고 출근 직후 업무를 준비하는 과정에서 하루의 일정이 명확하게 그려질 거라 확신합니다.

Plan B 수립

시간 낭비를 최소화하는 것이 효율 극대화를 위한 최고의 방법 중 하나라고 생각합니다. 회사 업무나 공통 프로젝트 등을 수행하는 과정에서 계획대로 되는 경우는 그리 많지 않습니다. 이러한 경우 당황하게 되거나 시간이 다소 낭비될 수 있습니다. 이를 미연에 방지하기 위해서는 Plan A뿐만 아니라 Plan B, C

까지 사전에 수립해야 합니다. 이후 계획대로 되지 않거나 어려움 등을 마주했을 때 유연하게 대처하며 시간의 낭비를 최소화할 수 있습니다.

틈새 시간 만들기

회사생활을 하다 보면 의외로 틈새 시간이 많이 발생한다는 것을 알 수 있습니다. 이 틈새 시간을 일주일 동안 모으면 최소 1~2시간이 될 것입니다. 오후 3시까지 계획되어 있던 회의가 2시 40분에 끝난다든지, 하루 종일 일정이 있었던 국내 출장이 일찍 끝난다든지 등 갑작스레 여유시간이 발생하는 경우가 많습니다. 그때마다 단순히 여유시간으로 쓰는 것이 아닌, 밀렸던 업무를 수행하거나 내일 예정된 업무 등을 미리 처리하며 알차게 쓰는 것이 중요합니다.

점심시간, 법적 휴게시간 등까지 역시 알차게 사용할 수는 있지만, 이때는 잠시 쉬어가는 쉬는 시간으로 쓰는 것을 추천합니다. 발전의 원동력을 지속적으로 만들기 위해서는 휴식 역시 꼭 필요한 요소이니까요.

메모하기

앞서 설명한 것과 같이 메모를 통해 해당 일, 해당 주, 해당

월에 수행해야 하는 업무를 명확하게 하며 시간 사용 효율을 높이는 것이 좋습니다. 더불어 점차 노하우가 쌓이면 단순 병렬 수행이 아닌, 우선순위를 부여한 후 업무를 처리하며 점진적으로 효율성을 높이는 것을 추천합니다.

역량 향상

야근이라는 상황을 제외하면 모두에게 주어진 일과시간은 동일합니다. 그렇기 때문에 사실 꼼꼼한 시간 관리와 시간 효율 향상이라는 측면에서는 역량 향상을 통해 업무를 처리하는 데에 드는 시간을 줄이는 것이 가장 효과적입니다. 이를 위해 이 책에서 충분히 설명하고 있는 부분을 참고하여 점진적인 역량 향상을 위해 힘쓰며 업무 수행에 대한 CAPA(Capacity, 능력)를 높이고, 주어진 시간 내 효율을 극대화하며 전문성을 함양할 수 있도록 노력해야 합니다. 이를 통해 같은 업무라도 짧은 시간 내 완료하고, 점차 더 많은 기회를 얻으며 인정받고, 전문가로 나아갈 수 있도록 만들어야 합니다. 추후 회사에 올인하지 않더라도 끊임없이 노력하며 '성장하는 모습'을 보여드려야 하는 것이 우리 신입사원의 의무 중 하나니까요.

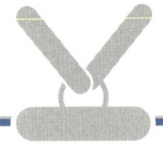

05 멘탈 및 스트레스 관리

    처음 접하는 딱딱한 조직 생활, 원하는 대로 업무 결과물이 나오지 않아서 느끼는 스트레스, 업무적인 보람과 뿌듯함은 느낀 지 오래되었다고 생각하면서 나도 모르게 좌절감과 함께 자존감이 떨어지는 경우가 많습니다. 입사하고 싶어서 온 힘을 다해 들어왔지만, 행복감은 잠시이고 언제부터인가 출근해야 하는 다음 날을 걱정하는 일이 많아진 경험이 있을 겁니다.

    의지할 사람 하나 없고, 나름 크고 작은 상처를 받으며 버티지만, 언제부터인가 나약해진 멘탈…. 직접적인 도움은 아니어도 직접 겪은 경험을 통해 도움이 될 수 있는 이야기를 들려주겠습니다.

스트레스 해소 방법

시크릿 공간 찾기

업무를 수행하거나 회사생활을 하는 과정에서 일시적으로 스트레스를 과다하게 받는 경우가 종종 있습니다. 이럴 때는 한숨을 쉬면서 업무를 계속하는 것이 아닌, 잠시 쉬어가는 것도 필요합니다. 잠깐 나가서 카페에서 커피를 한잔한 후 돌아올 수도 있지만 제가 추천하는 방법은 회사 내에 '시크릿 공간'을 찾는 것입니다. 사내 카페, 휴게실 내 1인 안마의자실, 탕비실, 아무도 사용하지 않는 회의실, 포커스 룸(1인 집중 업무공간) 등 말이죠. 하루 종일 그곳에서 시간을 보내고 온다면 그것은 큰 문제가 되겠지만, 30분~1시간 정도 마음을 추스르고 재정비한 후 오는 것은 그 누구도 뭐라 할 수 없을 것입니다.

나만의 취미 갖기

퇴근 후 또는 주말 시간을 활용하여 나만의 취미를 갖는 것을 추천합니다. 꼭 볼링, 탁구, 축구 등 활동적인 취미일 필요는 없습니다. 예를 들어 '넷플릭스나 디즈니플러스를 통한 영화 감상'이어도 좋습니다. 온전히 내가 원하는 것을 즐길 수 있는 시간과 취미를 통해 잠시 행복감을 느낄 수 있도록 만듭니다.

보통 '동호회 또는 동호회 비용 지원'이라는 복리후생을 제공하는 기업이 많습니다. 지극히 개인적인 경험이지만, 아무리 비용을 지원해줘도 취미 생활을 할 때만큼은 회사 사람과 얽히지 않는 것이 좋았습니다. 그리고 여러 명이 함께하는 것도 좋지만 사람 성향에 따라 혼자 즐길 수 있는 취미가 더 맞는 사람이 있으니 자기 자신에게 맞는 방식을 찾는 것이 좋습니다. 저 같은 경우 주말 오전 10시에 무제한 볼링을 혼자 즐기며 스트레스를 해소하기도 했고, 혼자 영화관에서 영화를 보며 행복을 느끼기도 했습니다.

간혹 이러한 취미에 들어가는 비용을 아까워하는 신입사원도 봤습니다. 그러나 리프레시를 위한 투자라고 생각하고, 일정 수준 이상으로 큰돈이 들어가는 것이 아니라면 과감하게 취미를 즐기는 것도 스트레스를 해소하는 한 가지 방법이 될 수 있다고 생각합니다.

나의 이야기 터놓기

가장 좋은 방법은 나의 이야기를 터놓는 것이 아닐까 생각합니다. 절친한 친구 등에게 힘든 점을 얘기하는 건데, 회사 내 절친한 동기나 선후배가 있다면 더 좋습니다. 내가 처한 상황과 입장에 대해 더욱 공감할 수 있기 때문입니다.

그러나 주의해야 할 것은 이러한 감정이 전염되지 않도록 적당한 선을 지키는 것입니다. 이야기를 터놓는 것만으로도 큰 스트레스가 해소될 수 있지만, 자칫 이러한 이야기'만' 함으로써 듣는 사람 역시 힘들게 하거나 스트레스를 받지 않도록 하는 것이 중요합니다. 행복한 이야기, 즐거운 이야기도 함께하며 더욱 돈독한 사이를 유지할 수 있도록 노력하는 것이 좋습니다.

가끔 내려놓기

업무는 다소 못할 수 있어도, 나 자신은 소중한 존재라는 사실을 잊으면 안 됩니다. 모든 것을 짊어지려고 하면서 스트레스를 받기보다 때로는 내려놓을 줄도 알아야 합니다. 출근하자마자 연차를 쓴다는 것은 예의에 어긋나는 것이지만, 미리 1~3일 전에 말씀드린 후, 급작스레 여행을 떠나는 것도 좋습니다.

또한, CAPA를 넘는 업무량이 주어질 때 끙끙거리는 것보다 힘든 부분에 대해서는 솔직하게 이야기할 줄 알아야 합니다. 우리의 목표는 회사생활에 순조롭게 적응한 후, 조금씩 전문성을 함양하며 롱런하는 것이기 때문입니다. 점진적으로 업무를 배우며 보람을 느끼는 것이 중요하지, 금세 성장하려 스트레스를 받거나 번아웃 증상까지 오도록 만드는 것이 중요한 것이 아니기 때문입니다.

그리고 회사생활 일련의 과정에서 나는 소중한 존재임을 잊지 말고, 자존감을 높일 수 있도록 해야 합니다. 더불어 남과 비교하며 내 위치와 역량, 실력 등에 대해 불안감을 느끼지 않고, 몇 달 전의 내 모습과 비교하며 나아진 모습을 찾고 1그램이라도 보람과 뿌듯함을 느끼며 성장하고 있다는 생각을 해야 합니다.

저 같은 경우 가끔 연차를 쓰고 친한 친구들과 여행을 가서 스트레스를 풀곤 했습니다. 또는 카페에서 혼자 쉬거나, 평소 먹고 싶었던 것을 먹거나 하면서 재충전의 시간을 가졌습니다. 주어진 목표를 향해 나아가는 것도 좋지만, 아등바등하면서 스트레스를 받는 것보다는 가끔 내려놓으며 쉬어 가는 것 역시 중요하고 소중하다고 생각합니다.

나를 사랑하기

'내가 좋아하는 것'을 하며 스트레스를 조금이나마 해소하는 것도 좋은 방법이 될 수 있습니다. 저 같은 경우 신입사원 시절 소유한 차가 없을 때, 차를 빌려서 혼자 드라이브를 다녀오기도 했고, 평소 비싸서 군침만 흘리던 코스 요리를 먹기도 하는 등 온전히 '나를 사랑하는 시간'을 가지며 행복 게이지를 채웠습니다.

나와 가까운 친구들이나 동기들과 함께해도 좋고, 또는 혼자여도 좋습니다. 그리고 잘하지 못하는 것이어도 좋고, 처음 접하는 것이어도 좋습니다. 또는 평소에 하고 싶어 하던 것이라면 더 좋습니다. 내가 좋아하는 장소에 가거나 좋아하는 것을 먹는 등 나를 위해 소비하는 시간을 가져보며 잠시나마 행복감을 느끼는 것을 추천하고 싶습니다.

보통 연차를 사용하는 경우가 많을 텐데 카페에서 멍때리면서 몇 시간을 써도 좋으니, 꼭 결과물을 만들려고 하거나 굳이 생산적인 활동을 억지로 하려고 노력하지 않아도 됩니다. 우리는 모두 소중한 존재니까요.

PART 2

가치를 높여 주는 문서 작성 스킬

01 프로다운 이메일 작성법

(1) 이메일의 기본 개념 이해하기

우리가 '이메일'로 표현하거나 줄여서 '메일'이라고 부르는 E-mail은 Electronic Mail의 약어입니다. '전자 우편' 또는 '전자 메일'로 표현하기도 하며, 일반 우편은 '배달부'에 의해 전달되지만 이메일은 '컴퓨터 네트워크'를 통해 전달된다는 차이점이 있습니다. 즉시 전송하거나 확인할 수 있으며, 여러 명에게 한꺼번에 발송할 수 있습니다. 최근에는 기본적인 글을 보내는 기능 외에 다양한 기능을 제공하는 플랫폼이나 사이트가 다양해지고 있습니다.

이메일을 발명한 사람은 미국의 프로그래머 레이 톰린슨(Ray

Tomlinson)으로 알려져 있었지만, 실제로 이메일을 만들고 저작권을 등록한 사람은 인도계 미국인 시바 아야두라이(Shiva Ayyadurai)입니다. 당시 개발한 프로그램은 현재 많은 사람이 사용하고 있는 받은 편지함, 보낸 편지함, 임시 보관함 등과 비슷하게 구성되어 있습니다.

이메일을 주고받기 위해서는 이메일 주소가 있어야 합니다. 이메일 주소는 '사용자 ID@도메인 이름'으로 구성되어 있습니다. 이메일 주소에 포함되어 있는 '@'는 '~에 있는' 처럼 장소를 나타낼 때 사용하는 영어 단어 'at'을 의미합니다. 이 @는 나라마다 다르게 읽히는데, 미국에서는 앳 사인(at sign), 우리나라에서는 골뱅이로 읽습니다.

(2) 비즈니스 이메일의 다른 점

우리는 보통 초등학교 때 컴퓨터 사용법과 함께 계정을 만들고, 이메일을 주고받는 경험을 하게 됩니다. 이후에는 친구들과 여러 과제를 하면서 자료를 주고받고, 중·고등학교 때는 팀 프로젝트 등을 하면서 이메일을 경험합니다. 그러나 이 외에도 자료를 공유할 수 있는 플랫폼이 많고, 다양한 애플리케이션을 통해 소통이 가능하기 때문에 이메일을 쓰는 경우는 많지 않다고 생각합니다.

    대학교에 진학한 다음에는 교수님께 질의를 하거나 여러 사이트의 문의 등을 통해 이메일을 사용하는 경우가 더 많아지는 것이 보통입니다. 그러나 안타깝게도 어렸을 적부터 이메일을 '사용하는 방법' 등 기술적인 부분은 배우지만 이메일 내용의 구성, 체계, 간결하고 함축적으로 전달하는 방법 등에 대해서는 배울 수 있는 기회나 경험이 적은 것이 사실입니다. 그렇기 때문에 입사 후, 업무를 수행하며 사용하는 비즈니스 이메일이 어렵게 다가오고 이러한 부분에서 어려움을 느낀다고 생각합니다.

    회사원은 출근부터 퇴근할 때까지 모든 업무를 이 이메일을 통해서 진행합니다. 구두로 전하는 경우도 있지만 어디까지나 보조적일 뿐이며, 하루에도 수십 통씩 이메일을 쓸 정도로 이메일은 회사원과 떼려야 뗄 수 없는 업무 툴입니다.

    비즈니스 목적으로 쓰는 이메일 역시 글로 내 생각을 전달하는 것이라는 공통점은 있지만, 일반 이메일과 다른 점도 있습니다.

    첫째, 간단명료하게 내용을 전달해야 한다는 부분입니다. 업무를 수행하면서 자료를 전달하거나, 요청사항에 대해 회신을 하거나, 새로운 부분에 대해 협업 등을 요청할 때 받는 사람 입장에서 즉시 이해할 수 있도록 체계적으로 작성, 전달해야 합니다. 특히, 지루한 줄글이나 소설처럼 이메일을 작성한다면 '일을 잘하지 못하는 사람'으로 낙인찍힐 가능성이 높습니다. 이메일은 첫인상이나 업무 수행능력과 연결되는 경우가 많기 때문입니다. 또한, 내용이 간단명료하지 않다면 수신인의 업무 리스트에 내 요청사항이 올라갈 수 없고, 관련하여 업무 진행 속도가 현저히 떨어질 수 있습니다.

둘째, 명확한 날짜입니다. 회사 내의 모든 업무는 정해진 기간이 있습니다. 그렇기 때문에 비즈니스 이메일은 제목, 내용 등을 통해서 명확한 날짜를 기재하고 있습니다. 이 날짜를 준수하기 위해 '리마인드(Remind)' 이메일 등을 통해 한 번 더 알람을 주는 경우도 다수 있습니다.

셋째, 격식과 예의입니다. 대내적으로 같은 팀원, 또는 유관부서, 대외적으로 타 기업 등에 작성하는 이메일이기 때문에 격식과 예의를 지켜야 한다는 차이점이 있습니다. 특히, 이메일은 글로 지속적으로 받은 편지함에 남기 때문에(회사 내 시스템을 통한 회수 기능은 예외) 조금 더 신경 써서 작성해야 합니다.

넷째, 기록입니다. 업무를 수행하며 단순히 한두 번 이메일을 보내는 것으로 끝나는 경우는 매우 드뭅니다. 지속적으로 이메일을 주고받으며 업무를 수행하기 때문에 히스토리 기록 등을 위해 이메일을 체계적으로 저장하고 분류하는 것은 중요합니다. 특히, 몇 달이 지난 후 문제가 생겨 책임 소재를 찾아야 하는 등 과거의 이메일을 찾아봐야 하는 여러 상황이 발생할 수 있기 때문에 항상 쉽게 알아볼 수 있도록 이메일을 구분, 저장하는 것이 필요합니다. 이메일을 더욱 체계적으로 정리하고, 추후 편하게 찾기 위해 '아웃룩' 등의 프로그램을 사용하는 경우도 많습니다.

(3) 비즈니스 이메일에서 자주 사용하는 용어

- 작일(昨日): 오늘의 바로 하루 전날(어제)
- 금일(今日): 지금 지나가고 있는 이날(오늘)
- 명일(明日): 오늘의 바로 다음 날(내일)
- 익일(翌日): 어느 날 뒤에 오는 날, 즉 '익일 발송'이라고 표현하면 6/12에 의뢰할 시 다음 날인 6/13에 발송하는 것을 의미함
- 금주(今週): 이번 주
- 차주(次週): 다음 주
- N/A: Not Applicable, 해당 사항 없음
- TBC: To Be Confirmed, 추후 확정

- TBD: To Be Determined, 추후 결정
- TBA: To Be Annouced, 추후 안내
- ASAP: As Soon As Possible, '아쌉' 또는 '애이썹'이라고 읽으며 '최대한 빨리'라는 의미
- EOD: End Of Date, 오늘까지(또는 해당일까지) 끝내야 하는 업무
- B2B: Business To Business, 회사 간 거래
- B2C: Business To Customer, 회사 대 고객 간 거래
- R&R: Role & Responsibilities, 역할과 책임
- R&D: Research & Development, 연구개발
- KPI: Key Performance Indicator, 핵심성과지표
- ROI: Return On Investment, 투자자본수익률
- FYI: For Your Information, 참고하기 바랍니다
- Due Date: 만기일 또는 기한
- Reference: 참고 또는 참고문헌
- F/U: Follow Up, 지시받은 업무 또는 할당된 업무를 이어서 진행
- Inform: 알려주다(예: 그 내용 유관 부서에 Inform 부탁해)
- Arrange: 정리하다, 마련하다(예: 해당 미팅 Arrange 한 다음 알려줘)

- CDP: Career Development Path, 경력개발경로
- T/F: Task Force, 사업 계획 달성 등의 목적을 위해 별도로 설치하는 임시조직
- KOM: Kick Off Meeting, 회사 또는 해당 사업 등을 시작하기 전 공식적으로 주최하는 미팅(구성원 소개, 목적, 일정 협의 등 진행)
- Confirm: 확정하다(예: 해당 물량 업체에 Confirm 부탁해)
- Cross Check: 재차 확인하다(보통 유관 부서에서 추가 확인하거나 팀 내 구성원 등을 통해 누락사항이 없도록 확인하는 것을 의미함)
- Double Check: 재확인하다
- Align: 나란히 하다, 조절하다(예: 우리 조직 목표와 미팅 목적 Align 해서 상무님께 보고 준비 부탁해)
- Wrap-up: 마무리하다(예: 미팅은 여기까지 하고, Wrap-up 후 마무리할까요?)
- Pending: 미결인, 계류 중인
- Expediting: 진도관리 및 단계별 확인(예: 해당 구매업체 Expediting 해서 납기일 맞출 수 있도록 관리해 줘)
- 참고: 말 그대로 참고하다
- 참조: 참고로 '비교하여 대조하여' 보다
- 불출: 물품을 내어주다

- 상신: 의견 등을 글로 보고하다(예: 결재를 상신하다)
- 결제: 대금을 주고받아 거래 관계를 끝내다
- 결재: 상관이 부하가 제출한 안건 등을 검토하여 승인하다
- 반려: 제출한 문서를 승인하지 않고 되돌려주다
- 소구하다: 사람들(고객들)의 욕구를 자극하여 구매 동기를 유발하다
- 지양하다: 어떠한 것을 하지 아니하다(예: 잦은 목표 수정을 지양하길 바랍니다)
- 지향하다: 목표로 하는 방향으로 나아가다(예: 원가를 낮추는 것을 지향하며 매출에 기여합시다)
- 귀사: 상대의 회사를 높여 이르는 말
- 폐사: 말하는 이가 자기 회사를 낮추어 이르는 말
- CC: 참조(Carbon Copy)
- BCC: 숨은 참조(Blind Carbon Copy)
- FW: 전달(Forwarding)
- RE: 회신(Reply)
- 조찬, 오찬, 만찬 : 아침, 점심, 저녁
- PO(Purchase Order): 구매번호
- MOQ(Minimum Order Quantity): 최소 주문 수량
- BOM(Bill Of Material): 자재 명세서(품목, 사용량, 단위 등을 표시)

- RFP(Request For Proposal): 제안서
- RFQ(Request For Quotation): 제안 견적 요청서
- CS(Customer Service): 고객센터
- VOC(Voice Of Customer): 고객 요구사항
- QA(Quality Assurance): 품질 보증
- QC(Quality Control): 품질 관리
- BEP(Break Even Point): 손익분기점
- TO(Table of Organization): 규정에 의해 정해진 인원
- YoY(Year on Year): 전년 대비
- 1Q, 2Q, 3Q, 4Q(Quarter): 1사분기, 2사분기, 3사분기, 4사분기
- 1H, 2H(Half): 상반기, 하반기
- 상기, 하기: 위에 쓰인, 아래에 쓰인(예: 상기 제목과 같이 이번에 인프라 사업 관련 제안 드리고자 합니다. 하기 표와 같이 일정을 정리했으니 참고 부탁드립니다)

(4) 이메일 용어와 툴 파악하기

입사 후, 이메일 쓰는 방법과 톤 앤 매너(Tone & Manner)도 파악하기 힘든데, 그 와중에 이메일 내 알기 힘든 용어가 난무

하고 이메일을 쓰는 툴까지 낯설게 느껴지는 신입사원이 많을 거라 생각합니다. 특히, 학창 시절이나 대학생 때와는 다르게 비즈니스 매너를 지키면서 업무에 대한 내용만 체계적으로 담아야 하기에 더욱 어렵게 느껴질 겁니다. 이렇게 비즈니스 이메일은 이질적으로 느껴지지만, 대부분 기본 업무 스킬이라고 생각해서 자세히 알려주지 않는 경우가 많습니다. 하지만 이메일에 대해 제대로 배우지 못해 효율적으로 활용하지 못한다면 업무의 질도 많이 떨어지는 등 업무를 수행할 때 많은 장애물이 있을 것으로 생각합니다.

누구도 알려주지 않았던 이메일 용어와 툴에 대해 하나씩 자세히 알려주도록 하겠습니다.

이메일 관련 용어 및 쓰임

수신인 또는 수신

이메일을 받고 실제 업무를 수행해야 하는 주체를 '수신' 또는 '수신인(받는 사람)'에 포함합니다. 예를 들어, 디자인 관련 업무 협조를 구하는 이메일을 작성할 때는 디자인팀 내 담당자를 수신인으로 합니다.

업무를 '직접' 수행해야 하는 주체가 둘 이상인 경우에는 해당 주체를 수신인에 모두 포함합니다. 예를 들어, 신제품 출시 관련 협업을 요청하는 이메일을 각 담당자에게 써야 할 때는 디자인, 마케팅, 연구, 생산 등의 담당자를 모두 수신인에 넣어줍니다.

	보내기	미리보기	임시보관
제목			
받는 사람			
참조			
숨은 참조			
내용			
첨부파일			

참조인 또는 참조 — 영어로는 c.c(carbon copy)이며, 예를 들어, "박 대리, 이메일 보낼 때, 나 c.c로 넣어줘"로 씁니다.

업무의 진행 정도 등에 대해 함께 파악해야 하는 주체로 수신인의 팀장, 발신인인 나의 팀장(또는 사수) 등을 포함합니다. 예를 들어, 디자인 변경 요청을 할 때 디자인 담당자를 수신인에 포함하고, 디자인 팀장과 나의 팀장, 사수 등을 참조인에 넣어줍니다.

	보내기	미리보기	임시보관
제목			
받는 사람			
참조			
숨은 참조			
내용			
첨부파일			

숨은 참조인 또는 숨은 참조

> 영어로는 b.c.c(blind carbon copy)이며, 예를 들어, "박 대리, 이메일 보낼 때, 상무님 숨은 참조로 넣어줘"로 씁니다.

해당 이메일을 열었을 때, '숨은 참조'로 포함한 사람은 수신인 등에 보이지 않습니다. 숨은 참조에 포함된 사람끼리도 서로를 확인할 수 없습니다. 이러한 숨은 참조인은 보통 입찰 참여 예정인 기업을 대상으로 입찰 안내 이메일을 작성할 때 씁니다. 또는 면접 안내를 위해 면접 대상자들을 숨은 참조인에 넣고 이메일을 쓰는 경우도 있습니다. 즉, 누구를 대상으로 이메일을 작성했는지 서로에게 감추는 것이 필요할 때 주로 쓰는 기능입니다.

이 기능을 제대로 활용하지 못해 실수하는 신입사원이 많습니다. 예를 들어 비밀 입찰로 어떠한 기업이 입찰에 참여했는지 서로 몰라야 하는 경우, 숨은 참조가 아닌 '참조'에 해당 입찰 대상 기업들을 모두 넣어 서로에게 공개되는 실수도 본 적이 있습니다. 이 숨은 참조 기능을 적재적소에 활용하여 센스 있는 신입사원으로 거듭날 수 있도록 조금씩 연습하며 업무 역량을 향상하는 것이 좋습니다.

✉	보내기	미리보기	임시보관
제목			
받는 사람			
참조			
숨은 참조			
내용			
첨부파일			

서명

보통 이메일 본문 하단에 따라붙으며, 이름, 소속, 전화번호 등을 포함합니다. 수신인, 참조인 등이 유선 등의 연락이 필요할 때 편하게 정보를 확인할 수 있도록 만드는 기능을 합니다.

사내에서는 '임직원 검색' 기능 등을 통해 확인할 수 있기에 다소 중요하게 느끼지 않을 수도 있습니다. 그러나 외부인의 경우는 이러한 내용을 확인할 수 없으므로, 전달한 명함을 확인하는 수고를 덜어주기 위해 또는 새로 연락하는 외부 업무 담당자에게 메일을 작성할 때 '서명'을 통해 이름, 소속, 연락처 등을 알리는 것은 비즈니스 매너 중 하나입니다.

박꿀팁 Park Honey Tip

꿀벌회사 구매팀 원자재구매파트

TEL 000-000-0000
MOBILE 010-111-1234
E-MAIL honeytip@honey.net

발송(보내기)

이메일을 보내는 것을 의미합니다. 발송 전, 수신인 등과 함께 첨부파일의 유무, 오타 등을 필수적으로 확인해야 합니다.

특히, 사내 시스템을 사용하는 메일 작성의 경우 회수가 가능하지만, 외부인 대상 메일은 회수가 되지 않는 경우가 많기 때문에 발송 전에 '최종 확인'하는 습관을 들이는 것이 좋습니다. 또한, 오타를 자주 쓰거나 종종 첨부파일을 잊는다면 이는 곧 신뢰 하락으로 이어지기 때문에 꼭 최종 확인하는 것을 잊지 않길 바랍니다.

	보내기	미리보기	임시보관
제목			
받는 사람			
참조			
숨은 참조			
내용			
첨부파일			

재전송(전달)

'첨부파일'을 포함하여 메일의 내용을 다른 분이 참고하도록 보내는 기능입니다. 보통, 수신인 또는 참조인에 누락되어 있지만 업무 파악이 필요하거나 직접적인 업무 수행이 필요한 분에게 재전송하는 경우가 많습니다.

재전송(전달)을 통해 메일 작성을 하면 아래에 그 전의 메일 내용이 그대로 따라옵니다. 이에 재전송 수신 대상에게 이러한 내용까지 전달하길 원하지 않으면 민감한 정보는 삭제 후 보내는 것이 좋습니다.

	답장	전체답장	전달
제목			
받는 사람			
참조			
숨은 참조			
내용			
첨부파일			

답장과 전체 답장

메일 제목 앞에 'RE:'가 붙습니다.
예를 들어, 'RE: 소싱 업체 확인 요청의 건'

보통은 '전체 답장'을 통해 모두에게 정보를 공유하지만, 발신자만 알아도 되는 가벼운 내용(감사 인사 등)은 '답장' 기능을 사용합니다.

답장은 이메일 '발신자'에게만, 전체 답장은 이메일 '발신자', '참조자' 모두에게 답변 이메일을 보내는 것입니다.

	답장	전체답장	전달
제목			
받는 사람			
참조			
숨은 참조			
내용			
첨부파일			

꿀팁 더하기

- '숨은 참조' 기능의 경우, 입찰 제안 등의 이메일을 보낼 때 사용합니다(입찰 업체들이 상대방 업체를 모르도록). 이 기능을 잘 활용하면 센스 있는 이메일 작성이 가능합니다.
- 신입사원일 때는 이메일을 발송하기 전, 프린트하여 수신인, 참조인, 내용 등을 확인받는 것이 좋습니다. 아직 조직과 담당자 등을 잘 모르기 때문입니다. 그리고 다소 오해를 살 수 있는 내용이 있을 수 있거나 의도치 않게 유관 부서 담당자를 곤란하게 만들 수 있는 내용(미팅 중 협의한 바와 다른)이 포함될 수 있기 때문입니다.
- 이메일 쓰는 것과 함께 수신한 이메일을 잘 읽는 것도 매우 중요합니다. 업무에 대한 내용이나 용어까지 깊게 몰라도, 수신한 이메일을 최대한 빨리 읽으며 적극적인 자세를 보여드리도록 합니다.
- 이메일을 읽지 않고 몇백 통씩 쌓아두는 것은 "저는 업무를 수행할 준비가 되지 않았습니다"라고 홍보하는 것과 같습니다. 휴가 등으로 인해 오랜만에 복귀했을 때에도 그동안 쌓인 이메일을 최대한 빠른 시일 내에 읽으며 업무를 체계적으로 정리할 수 있도록 합니다.

(5) 이메일 내용의 구조 파악하기

여러 이메일을 보다 보면 느끼겠지만, 목적과 담은 내용이 모두 달라도 그 구조는 크게 다르지 않다는 점을 알 수 있습니다. 이러한 구조를 익힌 다음, 지키면서 체계적으로 이메일을 작성해야 비즈니스 매너를 지킬 수 있고, 원하는 내용을 간결하게 전달할 수 있습니다. 자기만의 구조로 작성한 이메일은 상대방에게 그 내용을 온전히 전달할 수 없고, '스팸 메일'처럼 귀찮게 여겨지는 이메일로 남을 수 있습니다.

소설이나 수필처럼 줄글로 쓴 이메일을 받았을 때 목적, 요청 사항 등을 쉽게 확인하기 어려워서 난해했던 경험이 있을 겁니다. 이러한 구조를 지키면서 이메일을 간결하게 작성하는 것은 수신인, 참조인을 위한 배려이기도 하며, 내 첫인상을 좋게 만드는 방법이기도 합니다. 아래와 같이 예시와 함께 이메일 구조에 대해 자세히 알아보도록 하겠습니다.

① 수신, 발신인 표기

외부인을 대상으로 이메일을 통해 처음 연락을 취하거나 예의를 갖춰야 하는 경우에 작성하는 부분입니다.

② 인사 및 자기소개

인사말과 함께 자기 소속 회사와 팀, 그리고 이름을 밝힙니다.

③ 메일 목적 및 내용

직접적으로 메일의 목적과 함께 요청 등의 내용을 적는 부분

| 답장 | 전체답장 | 전달 |

수신: 김비지 대리님/ 상상기획
발신: 박꿀팁 주임/ 꿀벌회사   ①

안녕하십니까.
꿀벌회사 박꿀팁 주임입니다.   ②

메일로는 처음 인사드립니다.   ③

유선으로 말씀드린 것처럼 이번 신규 소싱 제품에 대해 광고 의뢰를 드리고자 합니다.

구체적인 내용은 미팅 때 자세히 말씀드릴 계획입니다.

대면 미팅을 희망하며, 바쁘겠지만 하기와 같이 진행하고자 하니 일정에 반영 및 참석해주시면 대단히 감사하겠습니다.

구분	일시	장소	비고
신제품 기획 협의 미팅	2022.09.05(월요일) 오전 10:00	꽃잎상사 4층 해바라기 미팅룸	

이상입니다. 문의 사항은 언제든 편하게 연락주시면 감사하겠습니다.   ④

김비지 드림.

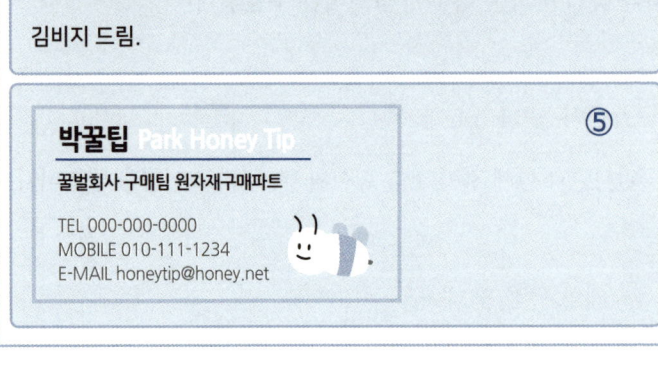

박꿀팁 Park Honey Tip   ⑤

꿀벌회사 구매팀 원자재구매파트

TEL 000-000-0000
MOBILE 010-111-1234
E-MAIL honeytip@honey.net

입니다. 수신인, 참조인의 입장에서 메일의 내용을 한눈에 알아볼 수 있도록 표 등을 이용해서 작성하는 것이 좋습니다. 자세한 내용은 뒤에서 다루도록 하겠습니다.

④ 마지막 인사(감사 인사)

마지막 인사를 작성하는 부분입니다. 본문 작성 후 다짜고짜 이메일을 마무리하는 것이 아닌, 마지막 인사(또는 감사 인사) 등을 통해 비즈니스 매너를 지키며 끝내는 것이 좋습니다.

⑤ 서명

앞서 설명했던 서명이 들어가는 부분입니다. 이메일 작성 때마다 서명을 작성하여 삽입하기 힘들기 때문에, 설정을 통해 자동으로 서명이 들어가도록 만들어 두는 것이 좋습니다.

꿀팁 더하기

- 이메일은 내가 속한 팀이나 목적에 따라 내용이 천차만별로 달라질 수 있습니다. 이 이메일 구조에 따라 체계적으로 작성한다면 효율적으로 내가 원하는 내용을 상대방에게 전할 수 있습니다.
- 팀 이동, 핸드폰 번호 변경 등의 변동사항이 있을 때 즉시 서명 내 내용을 수정하도록 합니다.

(6) 제목 작성하기

이메일 제목이 단순히 아무 정보도 없는 '한 문장'이라고 생각하면 오해입니다. 지금까지 받아온 이메일들을 자세히 살펴보면, 열어보지 않아도 목적과 기한 등을 확인할 수 있게 되어 있습니다. 우리와 같은 신입사원은 시간이 다소 많은 편이기에 수신하는 모든 이메일을 하나씩 열어볼 수 있습니다. 그러나 실제 하루에도 몇십 통씩 이메일을 받는 분들은 일일이 다 열어보지 못하는 것이 현실이라고 생각합니다.

그렇기 때문에 이메일을 하나씩 열어보지 않아도 '어떤 내용이 담겨있는지', '언제까지 요청하는 이메일인지' 등의 내용을 알 수 있도록, 또는 내용을 예상하며 열 수 있도록 제목을 작성하는 것이 중요합니다. 또한, 시간이 흘러 나중에 해당 이메일을 검색하고자 했을 때, 쉽게 검색될 수 있도록 제목에 주제와 키워드 등이 적절하게 들어가도록 만들어야 합니다. 특히, 회사 업무는 중간에 잠시 쉬어가는 경우가 있어도 결국에는 연속성을 띠기 마련입니다. 그렇기 때문에 관련 내용을 파악하고자 추후 이메일을 확인하는 경우가 많아 작성할 때마다 제목에 신경을 써야 합니다.

센스 있는 제목 작성법

제목에 꼭 넣어야 하는 내용

'목적', '기한', '내용 유추 가능한 단어' 등은 제목에 꼭 넣어야 하는 내용입니다. 앞서 설명했듯, 상대방은 매우 바쁜 상태이고, 생각보다 더 내가 보내는 메일에 관심이 없기 마련입니다. 그렇기 때문에 제목을 척 보기만 해도 '아, 이 이메일이 어떤 내용이겠구나!'라고 바로 예측할 수 있도록 만들어야 하고, 그래야 수신인 또는 참조인도 해당 이메일을 열어보게 됩니다. 아래의 잘못된 예시와 좋은 예시를 참고하여 센스 있는 제목을 작성해보는 것을 추천합니다.

잘못된 예시

보내기	미리보기	임시보관

제목: 안녕하세요. 관련하여 미팅 요청드립니다.
받는 사람:
참조:
숨은 참조:

→ 어떤 미팅인지, 무슨 목적으로 보냈는지 알기 힘듦

보내기	미리보기	임시보관

제목: 지난번 말씀드린 프로젝트 안내드립니다.
받는 사람:
참조:
숨은 참조:

→ 어떤 프로젝트인지, 어떤 것을 안내한다는 것인지 알 수 없음

✉	보내기	미리보기	임시보관
제목	첨부파일 송부드립니다.		
받는 사람			
참조			
숨은 참조			

어떤 첨부파일인지, 왜 보내는지 이메일을 열기 전까지는 알 수 없음

좋은 예시

✉	보내기	미리보기	임시보관
제목	[한옥 PJT] 구매자재 리스트 요청의 건(6/9까지)		
받는 사람			
참조			
숨은 참조			

어떤 프로젝트인지, 어떤 것을 요청하는지 (기한 포함) 명확하게 나와 있음

✉	보내기	미리보기	임시보관
제목	[Remind] 남산 PJT 구매 협의 미팅(6/2 2시)		
받는 사람			
참조			
숨은 참조			

[Remind]를 통해 다시 한번 안내한다는 점을 알 수 있고, 프로젝트, 시간 등 파악 가능

✉	보내기	미리보기	임시보관
제목	[꿀팁상회] 팝업스토어 협업 제안 PT 요청의 건		
받는 사람			
참조			
숨은 참조			

외부인에게 이메일을 보낼 때 주로 사용하는 제목이며, [꿀팁상회] 등으로 회사명 표기

꿀팁 더하기

- 내용에 집중하느라 간혹 제목 없이 이메일을 보내는 경우가 있어, 발신 전 '제목', '내용', '첨부파일' 등을 최종 확인하는 것이 좋습니다.
- 이메일 툴에 따라 여러 번 답장하면 'Re: Re: Re: Re:' 이런 식으로 제목 앞에 붙는 경우가 있습니다. 이때는 답장할 때 제목을 'Re(4):' 등으로 수정하면 센스 있는 신입사원이 될 수 있습니다.
- 제목은 '좋은 예시'에서 보여드린 것처럼 한 줄로 작성하는 것이 좋습니다.
- 이메일 발송 전 최종적으로 점검할 때, 내용만 보는 경우가 많은데 제목에도 오타 등이 있을 수 있으니 꼭 함께 확인해야 합니다.

(7) 자기소개와 감사 인사 작성하기

이메일의 시작은 자기소개로, 끝은 감사 인사가 포함된 마지막 인사로 끝내는 것이 일반적인 쓰임입니다. 자기소개도 없이 다짜고짜 본론부터 이야기하거나, 감사 인사 없이 끝내는 것은 다소 예의 없게 비칠 수 있다고 생각합니다. 특히, 우리는 신입사원이기에 꼼꼼한 자기소개와 함께 감사하지 않아도 예의를 지키는 감사 인사를 가득 담아 이메일을 작성하는 것이 좋습니다.

그럼 어떻게 자기소개와 감사 인사를 적으면 좋은지, 추천하는 글귀는 어떠한 것이 있는지 등에 대한 내용을 예시와 함께 자세히 알려주겠습니다.

자기소개

자기소개에 넣어야 하는 내용

우리는 신입사원이기에 같은 팀원들 외에 다른 분들은 우리가 누구인지, 이름은 무엇인지 기억하고 있는 경우가 흔치 않습니다. 그렇기에 더욱 이메일을 작성할 때, 자기소개부터 시작하여 알리는 것이 중요합니다.

기본적으로 대내용에는 소속팀, 이름 등을 포함해야 하고, 대외용에는 수·발신인, 소속 회사, 소속팀, 이름 등을 포함해야 합니다.

자기소개 예시

① 대내용 이메일 내 자기소개

✉	보내기	미리보기	임시보관
내용	안녕하십니까. 자재구매팀 박꿀팁 사원입니다. 메일로는 처음 인사드립니다.		

② 대외용 이메일 내 자기소개

| | 보내기 | 미리보기 | 임시보관 |

내용

수신: 꿀팁건설/ 박꿀팁 차장님, 김비지 과장님
발신: 시크릿상회/ 이꿀벌 대리

안녕하십니까.
시크릿상회 이꿀벌 대리입니다.

바쁘신 중에 지난주 목요일(6/2) 미팅에
참석해주셔서 감사드립니다.
메일로는 처음 인사드리며, 미팅 이후 Follow-up 사항에 안내드리고자 합니다.

꿀팁 더하기

- 대외용 이메일을 처음 보낼 때에는 본문 제일 앞에 '수신', '발신'을 넣어주어 조금 더 격식을 갖춘 이메일이 되도록 만듭니다.
- 자기소개 후 바로 본론으로 들어가는 것도 좋지만, '늘 많은 도움 주심에 감사드립니다(여러 번 업무를 한 경우)', '메일로는 처음 인사드립니다', '주말은 잘 보내셨나요?' 등의 내용으로 가볍게 분위기를 환기한 뒤 본론으로 들어가는 것이 좋습니다.
- 여러 번 주고받는 이메일의 경우에도 꼭 자기소개를 넣는 것을 추천해 드립니다. 밉보이지 않는 신입사원이 되어야 하기 때문입니다.

마지막 인사

마지막 인사에 포함해야 하는 내용

① '본문 중 중요한 내용 정리 및 강조' + ② '요청 시 이에 대한 쿠션 문장' + ③ '감사 인사'를 담아 이메일을 마무리하는 것이 가장 좋습니다.

마지막 인사 예시

✉	보내기	미리보기	임시보관
내용	(전략) 보내주신 일정 초안을 바탕으로 취합하여 관련 부서에 전체 공지할 예정입니다. 이에 바쁘시겠지만 요청드린 10월 8일(수요일)까지 초안 송부해주시면 대단히 감사하겠습니다. 관련하여 문의 사항 있으면 언제든 편하게 연락주시기 바랍니다. 감사합니다. 박꿀팁 드림.		

	보내기	미리보기	임시보관
내용	(전략) 보내드린 회의록 참고하신 후, 담당하시는 부분에 해당하는 업무 사항 챙겨주시면 대단히 감사하겠습니다. 그럼 오늘도 즐거운 하루 보내시기를 바랍니다. 감사합니다. 박꿀팁 드림.		

꿀팁 더하기

- 요청이 목적인 이메일이면 다시 한번 강조하며 마무리하는 것이 좋습니다.
- 딱딱하게 마지막 인사를 하는 것보다는 '문의 사항 있으면 언제든 편하게 연락주시면 감사하겠습니다' 등의 항상 도움을 드리겠다는 적극적인 의지를 보이는 것이 좋습니다. 그리고 가볍게 '오늘도 즐거운 하루 보내시기를 바랍니다', '(금요일인 경우) 즐거운 주말 보내시기를 바랍니다' 등으로 마지막 인사를 적는 것을 추천합니다.

(8) 본문 작성하기

두괄식 작성

인사나 관련된 내용, 히스토리 등을 구구절절 적고, 실제 원하는 요청 등이 담긴 내용을 중·후반에 작성한다면 지루하고 누구나 읽기 싫어하는 이메일이 됩니다. 그리고 메일의 의도와 목적을 파악하기 힘든, 말 그대로 '지겨운 줄글'이 되기 마련입니다. 실제로 저 같은 경우에도 이러한 지겨운 이메일을 받으면 집중력도 떨어지고 원하는 바를 제대로 알기 힘들어서 업무 우선순위에서 뒤로 미루는 경우도 다수 있었습니다.

받는 수신인의 입장에서 항상 생각하며 이메일 본문은 두괄식으로 작성하여 간단명료하게 정보를 전달하거나 해당 업무를 요청할 수 있도록 만드는 것이 좋습니다.

잘못된 예시

✉	보내기	미리보기	임시보관
내용	안녕하십니까. 공정팀 박꿀팁입니다. 늘 많은 도움 주심에 감사드립니다.		

내용	지난번 함께했던 미팅은 매우 뜻깊었다고 생각합니다. 미리 공유드렸던 어젠다에 대해서 얘기할 수 있어서 좋았습니다. 특히, 마일스톤을 바탕으로 한 전체 일정에 대해 동의하며 1개의 일정으로 세팅할 수 있어서 좋았습니다. (중략) 이에 관련하여 이번 주 금요일 기준, 전체 일정을 바탕으로 한 진척 사항, 미진한 사항에 대해서는 만회 계획과 함께 보고자료를 팀별로 요청드리고자 합니다.

지루한 줄글로만 이루어져 있고, 발신인이 어떤 의도로 이메일을 작성했는지 한눈에 파악하기 힘듭니다.

좋은 예시

	보내기	미리보기	임시보관
내용	안녕하십니까. 공정팀 박꿀팁입니다. 늘 많은 도움 주심에 감사드립니다. 지난번 미팅을 통해 수립한 전체 일정을 기준으로 하여 Weekly Report 작성에 대해 요청드리고자 합니다. 각 항목별 진척 사항 작성 부탁드리며, 미진한 사항에 대해서는 만회 계획을 함께 작성해주시길 부탁드립니다.		

내용	자세한 사항은 첨부파일 확인 부탁드리며, 작성하는 과정에서 문의 사항 있으면 언제든 편하게 연락해 주시면 감사하겠습니다. 또한, 다음 주 수요일(7/8)까지 요청드리오니, 기한 내 회신주시면 대단히 감사하겠습니다. 그럼 즐거운 하루 되시기를 바랍니다. 박꿀팁 드림.

불필요한 내용을 삭제해서 읽기 편하고, 어떤 목적으로 이메일을 썼는지 바로 확인할 수 있습니다.

꿀팁 더하기

- 필요한 내용을 '두괄식으로 작성'하고, 불필요한 내용에 대해서는 구구절절 작성할 필요가 없습니다(전달하고자 하는 내용만 간결하게 전달).
- 요청사항을 포함한 이메일일 경우, 요청에서만 그치는 것이 아니라 해당 양식을 만들어서 첨부로 같이 보내는 것이 좋습니다. 중구난방인 양식으로 받는다면 취합하기 힘들기 때문입니다.
- 간혹 여러 폰트를 섞어 쓰는 경우가 있는데, 한 폰트로 통일하거나 강조하는 문장만 다른 폰트로 사용해서 최대 두 개의 폰트만을 사용하는 것을 추천합니다.

회신 일자 표기하기

센스 있는 회신 일자 표기

이메일의 목적이 요청일 때, 단순히 '요청드립니다'라고 작성하는 것은 상대방의 To Do List에 내 요청사항을 올릴 수 없습니다. 당연히 우선순위에서 배제되기 때문입니다.

제목과 이메일 본문에 언제까지 회신 요청을 드린다고 날짜와 요일을 함께 명확하게 기재하는 것이 좋습니다. 단, '당장 오늘, 또는 내일까지 주세요'라고 하는 것보다는 충분한 여유를 두고 사전에 요청드리는 것이 비즈니스 매너라고 생각합니다(긴급 건 제외). 요청한 날로부터 충분한 여유(일주일 이상)가 있는 경우, 업무를 수행해야 하는 수신인이 잊기 쉬우니 2~3일 전 리마인드 이메일을 작성하는 것이 좋습니다.

잘못된 예시

✉	보내기	미리보기	임시보관
제목	디자인 시안 요청의 건		
내용	안녕하십니까. 디자인팀 박꿀팁입니다. 올해 내 출시 예정인 ○○ 제품의 디자인 시안을		

내용	요청드리고자 합니다. 첨부파일 확인 부탁드리며, 문의 사항은 언제든 편하게 연락주시면 감사하겠습니다. 박꿀팁 드림.

○○ 제품의 디자인 시안을 언제까지 요청하는지 기재하지 않았습니다. 수신인이 바쁜 상태가 아니라면 이메일 답장 또는 유선 연락을 통해 기한을 확인하겠지만, 보통 그렇지 못하는 경우가 많습니다.

좋은 예시

✉	보내기	미리보기	임시보관
제목	디자인 시안 요청의 건(11/27까지)		
내용	안녕하십니까. 디자인팀 박꿀팁입니다. 올해 내 출시 예정인 ○○ 제품의 디자인 시안을 요청드리고자 합니다. 자세한 내용은 첨부파일 확인 부탁드립니다. 바쁘시겠지만 협의한 일정과 같이 다음 주 목요일(11/27) 퇴근 전까지 송부해주시면 감사하겠습니다. 만드는 과정에서 문의 사항 있으면 언제든 편하게 연락해 주시면 감사하겠습니다. 박꿀팁 드림.		

회신기한을 명확히 기재했기에 수신인이 스케줄러에 적어둔 후, 기한 내 회신할 확률이 높습니다. 조금 더 확실하게 하고 싶다면, 메일을 보낸 후 유선 연락을 통해 한 번 더 강조하는 것이 좋습니다.

강조하기

꼭 읽어야 하는 핵심사항 강조

각자의 업무를 수행하느라 바쁘기에 아무리 정성스레, 그리고 핵심만 간략하게 작성하여 이메일을 보낸다고 해도 전문을 꼼꼼하게 읽는 사람은 극히 드물 거로 생각합니다.

그렇기 때문에 이메일을 송부하되, 꼭 읽어야 하는 핵심사항을 '마킹', '굵게 하기', '다른 색 사용' 등의 기능을 통해 한눈에 알아보도록 작성하는 것이 좋습니다. 아래의 예시를 보면 더 감이 잘 올 것입니다.

좋은 예시

✉	보내기	미리보기	임시보관
제목	구매 프로그램 신버전 테스트 안내의 건(11/2~11/3)		

내용	안녕하십니까. 시스템인프라팀 김비지입니다. 늘 많은 도움 주심에 감사드립니다. 베타 버전 개발이 완료됨에 따라 **구매 프로그램 신버전 테스트**가 진행될 예정입니다. 불편함을 최소화하고자 하기와 같이 근무시간 외 일정으로 진행할 예정이오니 참고 부탁드립니다. □ 일정 : 11/2(수) 오후 10시~11/3(목) 오전 7시 □ 담당자: 김비지 대리(010-0000-0000) □ 테스트 내용: 구매 프로그램 신버전 테스트 　　　　　　　(버그 등 확인 및 개선) 신버전 프로그램을 빠른 시일 내 적용할 수 있도록 테스트에 많은 협조 부탁드립니다. 감사합니다. 김비지 드림.

　해당 일정에 '구매 프로그램 신버전 테스트'가 진행된다는 사실을 한눈에 알아볼 수 있는 이메일입니다.

표 등 활용하기

표, 숫자 체계 등을 활용하여 더욱 읽기 쉬운 이메일로

이메일은 다시 말하지만 친분을 다지기 위해 작성하는 편지가 아닙니다. 업무적인 내용을 간단명료하게 전하는 것이 가장 중요한 목적 중 하나입니다. 즉, 이를 위해서는 수신인이 읽을 때, 한눈에 쉽게 읽을 수 있도록 만들어야 한다고 생각합니다. 여러 방법 중 표와 숫자 체계를 활용하는 것이 가장 효율적입니다.

표 활용 전 예시

	보내기	미리보기	임시보관
내용	안녕하십니까. 회계팀 박꿀벌입니다. 1분기 회계 결산 관련 미팅을 진행할 예정입니다. 내일(7/8) 오후 2시 5층 블록5 회의실에서 진행할 예정이며, 수신인 분들은 모두 참고하셔서 일정에 반영 및 참석 부탁드립니다. 감사합니다. 박꿀벌 드림.		

일시와 장소를 본문 내에 안내했지만, 내용을 명확하게 확인하기 위해서는 문장 사이에서 필요한 정보를 찾는 수고가 필요합니다. 해당 내용을 한눈에 보기 힘들고, 이로 인해 수신인이 정보를 제대로 이해하지 못해 참석을 못 할 수도 있습니다.

수신인을 위해 고려할 요소들을 조금 더 살펴보도록 하겠습니다.

표 활용 후 예시

보내기	미리보기	임시보관

내용:

안녕하십니까.
회계팀 박꿀벌입니다.

하기 표와 같이 1분기 회계 결산 관련 미팅을 진행할 예정입니다. 수신인 분들은 모두 참고하셔서 일정에 반영 및 참석 부탁드립니다.

주제	일시	장소	참석인	비고
1분기 회계 결산 미팅	7/8(목요일) 오후 2시~	5층 블록5 회의실	회계팀 재무팀	

감사합니다.

박꿀벌 드림.

표를 사용하니 미팅의 일시, 장소, 참석인 등을 한눈에 알아볼 수 있고, 발신인이 이메일 본문에 조금 더 정성을 들였다는 점을 파악할 수 있습니다.

숫자 체계 활용 전 예시

	보내기	미리보기	임시보관
내용	안녕하십니까. 시공팀 박꿀벌입니다. 문의하시는 협력업체 선급금 지급 관련하여 하기와 같이 프로세스를 안내해 드립니다. 참고 부탁드리며, SAP 등 실제 업무를 수행하며 문제점이 발생하는 부분이 생기면 언제든 바로 연락해 주시기를 바랍니다. □ 선급금 지급 프로세스 계약서 플랫폼에 계약서를 등록한 후, 선급금 지급 %에 해당하는 입고를 잡아줍니다. 이후, 세금코드에 맞게 발행한 후, 해당 투자코드와 코스트센터를 확인한 다음 Accounting 시스템에 접속합니다. 잡은 입고 내역을 바탕으로 팀장님 전결로 결재를 상신합니다. 감사합니다. 박꿀벌 드림.		

최대한 깔끔하게 작성한 이메일이지만 '선급금 지급 프로세스'에 대한 내용을 읽어가며 따라가기에 다소 어려움이 있는 것

이 보입니다. 줄글로 구구절절 작성한 이메일 본문이기에 한눈에 들어오지 않습니다.

숫자 체계 활용 후 예시

	보내기	미리보기	임시보관
내용	안녕하십니까. 시공팀 박꿀벌입니다. 문의하시는 협력업체 선급금 지급 관련하여 하기와 같이 프로세스 안내드립니다. 참고 부탁드리며, SAP 등 실제 업무를 수행하며 문제점이 발생하는 부분이 생기면 언제든 바로 연락해 주시기를 바랍니다. □ 선급금 지급 프로세스 1. 계약서 플랫폼 내 계약서 등록 2. 시스템 입고 지시 　(선급금 지급에 해당하는 %에 한함) 3. 세금코드에 맞게 발행한 후, 해당 투자코드와 코스트센터 확인 4. Accounting 시스템 접속 5. 잡은 입고 내역을 바탕으로 결재 상신(팀장님 전결) 감사합니다. 박꿀벌 드림.		

위와 같이 숫자를 활용하여 순서대로 작성하니 프로세스를

확인하며 순차적으로 쉽게 따라 할 수 있습니다. 그리고 만약 문의가 있을 때, 유선 통화를 하는 경우 프로세스 내 숫자를 바탕으로 더욱 쉽게 커뮤니케이션할 수 있다는 장점까지 있습니다.

(9) 첨부파일 네이밍 및 저장 방법

센스 있는 신입사원이 되기 위해서는 이메일 첨부파일 이름도 체계적으로 해야 합니다. 나만 알아볼 수 있는 이름으로 저장하거나 'IMG 1249'와 같이 아무 의미가 없는 이름으로 저장하면 어떤 첨부파일인지 알 수 없습니다. 즉, 하나씩 첨부파일을 열지 않아도 어떤 파일일지 예상할 수 있도록 만들어야 하는 것이 중요합니다.

더 나아가 꿀팁을 더하자면 수신인, 참조인이 이메일을 꼭 컴퓨터로만 보는 것이 아닙니다. 최근에는 스마트폰, 태블릿 PC 등을 통해 보는 경우도 많기에 간혹 폰트가 깨지거나 제대로 열리지 않을 때가 있습니다. 이에 PDF 파일로 따로 저장해서 추가로 첨부하면 이러한 경우를 미연에 방지할 수 있습니다. 물론 이메일을 작성하는 입장에서는 더 수고로울 수 있지만 수신인을 배려하는 마음으로 PDF 파일까지 첨부한다면 더 긴밀한 협업이 가능하도록 만들어줄 것입니다.

이와 더불어 첨부파일과 관련한 꿀팁들은 어떤 것이 있는지 자세히 알려주겠습니다.

첨부파일 저장 방법

센스 있는 첨부파일 네이밍

아무리 이메일 본문을 체계적으로 간단명료하게 작성했다고 하더라도 아래와 같은 이름을 가진 첨부파일을 받으면 바로 '아…'라는 탄식이 절로 나올 것입니다. 수신인과 참조인을 배려하는 첨부파일 이름 수정이 필요한 경우입니다.

	답장	전체답장	전달
내용			
첨부파일	20220618002.jpg IMG_1877.png 수정 중.pptx		

메일 본문에 아무리 설명했더라도 이러한 이름의 파일을 그대로 첨부한다면 받는 사람 입장에서 매칭하며 보기는 어렵습니다. 그리고 첨부파일의 이름을 수정해서 폴더 내 저장해야 한다는 문제점도 있습니다.

그렇기 때문에 받는 사람이 자기만의 저장 방법으로 첨부파일을 수정해서 저장한다고 하더라도, 하기와 같이 받는 사람이 쉽게 알아볼 수 있도록 저장하는 것이 좋습니다(센스 있게 확장자도 통일하는 것을 추천).

	답장	전체답장	전달
내용			
첨부파일	첨부 1. 콘크리트 자재 현장 입고 사진(220501).jpg 첨부 2. 현장 적용 및 타설 점검 사진(220503).jpg 첨부 3. 전체 일정 진척 사항_Rev.2_220511.pptx		

첨부파일 PDF 추가 저장

PPT, 한글 등 어떤 타입의 파일을 첨부하더라도 PDF 타입을 다른 이름으로 저장한 후, 두 개의 파일을 함께 첨부하는 것이 좋습니다. 앞서 설명한 것처럼 꼭 컴퓨터로만 이메일을 확인하는 것이 아니기 때문입니다. 태블릿 PC 등으로 열려고 할 때, 열리지 않거나, 폰트 등이 깨져 보이는 경우가 있습니다. PDF는 큰 지장 없이 대부분의 매체에서 잘 열리기 때문에 함께 첨부하여, 이러한 문제를 미연에 방지하는 것을 추천합니다.

꿀팁 더하기

- 새로운 폰트를 다운받아서 첨부파일을 작성할 때 사용했을 경우, 옵션에서 폰트와 함께 저장하여 받는 사람이 확인할 때 깨지는 것을 방지합니다(폰트를 이메일 첨부파일에 함께 보내도 좋음).

아래 캡쳐와 같이 [파일-옵션-저장]에 들어가 '파일의 글꼴 포함' 네모 박스를 클릭해준 다음, 저장하면 됩니다.

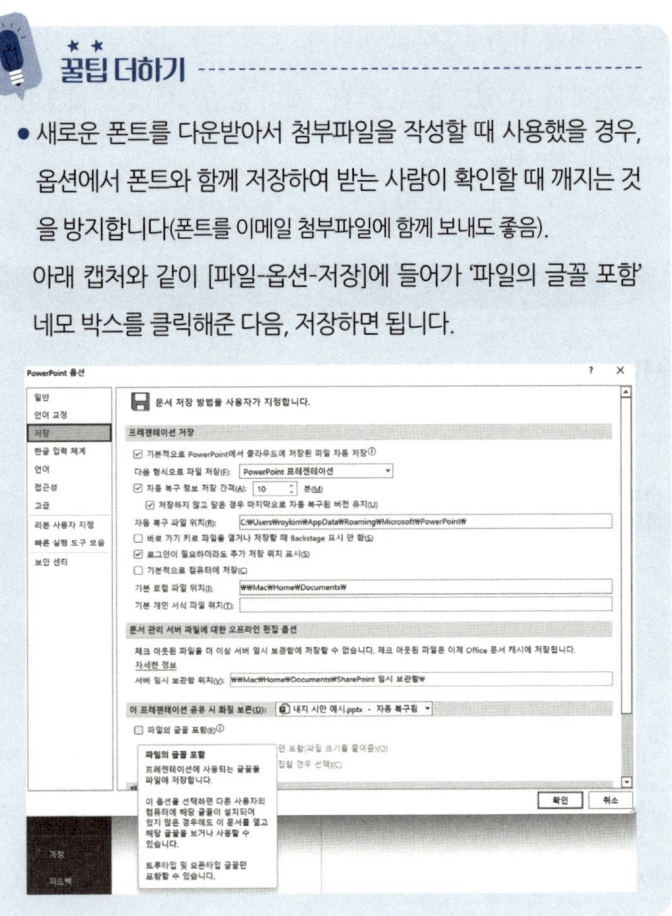

- 첨부파일의 용량은 최소화하는 것이 좋습니다. 받는 사람의 Inbox(받은 편지함) 용량을 차지하기 때문입니다(파일을 여는 데에도 시간이 다소 소요되는 문제). 그렇기 때문에 PPT의 경우 아래와 같이 '전자메일' 수준의 해상도로 그림을 변경하여 저장하는 것이 좋습니다.

저장을 누른 후, [도구-전자메일(96ppi)] 선택을 해줍니다.

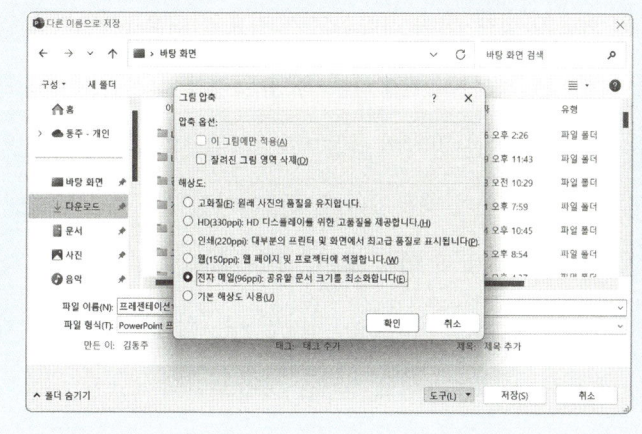

(10) 추가 연락 및 리마인드(Remind)

중간에 오고 가는 이메일은 지속적으로 협업하며 업무를 수행하고 있기에 따로 추가 연락이 없는 경우가 대부분입니다. 그러나 처음 이메일을 쓰는 경우나, 최대한 이메일을 자세하게 썼으나 유선을 통해 더 상세한 안내가 필요할 때, 기한에 대해 강조해야 할 때에는 추가 연락이 필수적입니다. 특히, 처음 협업을 요청하는 경우 이메일만 보내놓고 답장을 계속 기다리는 것이 아닌, 이메일을 보내기 직전이나 직후에 유선으로 안내하는 부분을 강조하고 싶습니다.

그리고 앞서 설명한 것처럼 꽤 오래전에 공지했기에 일정 기간 후 해당 일정에 대해 리마인드가 필요한 경우, 관련된 담당자들에게 메일을 다시 발송하며 해당 일정을 상기하는 센스가 필요합니다. 인간은 망각의 동물이고, 대부분의 담당자는 현업으로 인해 잊기 쉽기 때문입니다. 즉, 리마인드를 통해 내 요청사항을 항상 상대방의 업무 우선순위에 올리도록 노력하는 것이 중요합니다. 단, 너무 잦은 리마인드는 상대방을 불쾌하게 만들 수 있으니 적당한 선을 지키는 것이 필요합니다.

추가 연락

처음 이메일을 통해 업무 요청 등을 할 때

아무리 예의를 갖추고 자세하게 이메일을 작성했어도, 처음 이메일을 통해 업무 요청 등을 할 때에는 이메일을 발송한 후, 추가 연락을 하는 것이 좋습니다. 사실 더 좋은 것은 직접 만나서 전달하는 것이나, 모든 분을 찾아 뵙고 인사하며 업무를 수행하는 것은 현실적으로 쉽지 않다고 생각합니다. 이에 이메일을 보낸 직후, 연락해서 아래와 같이 인사하는 것이 좋습니다.

"안녕하십니까, 디자인팀 박꿀팁이라고 합니다. 처음 이렇게 인사를 드립니다. 디자인 시안 관련하여 요청드릴 사항이 있어서 방금 메일을 보내드렸는데 혹시 확인해보셨을까요? 이와 관련하여 말씀드리고자 합니다. (후략)"

전화를 받지 않는 경우 아래와 같이 메시지를 남기는 것을 추천합니다.

'안녕하십니까, 디자인팀 박꿀팁이라고 합니다. 디자인 시안 요청 관련 이메일을 방금 보내드렸습니다. 관련하여 몇 가지 말씀드리고자 하니, 편하실 때 연락주시면 감사하겠습니다. 박꿀팁 드림.'

전화 또는 메시지를 받는 담당자 입장에서는 절로 미소가 지어지는 연락이 될 거로 생각합니다. 그리고 바쁜 와중에도 최대한 시간을 내서 적극적으로 도와주고 싶어지지 않을까요?

자세한 설명이 추가로 필요할 때

백 마디 말보다 글로 일목요연하게 정리 후 이메일을 보내는 것이 더 좋은 것이 사실입니다. 그러나 첨부파일 내 양식에 대한 추가 설명이 필요하거나, 두 번 일하지 않기 위해 명확한 설명이 추가로 필요한 경우가 있습니다. 이럴 때도 역시 이메일을 보낸 직후, 전화를 통해 추가로 자세한 설명을 하는 것이 좋습니다.

"안녕하십니까, 공정설계팀 김비지입니다. 방금 보내드린 이메일 관련하여 작성을 위한 양식에 대해 조금 더 구체적인 설명을 드리고자 합니다. 일단 해당 파일을 열어주실 수 있나요? 이해하시기 어려운 부분이 있어 하나씩 자세히 말씀드리겠습니다. (후략)"

기한에 대해 안내 또는 강조가 필요할 때

회사 내 업무를 수행할 때 기한을 여유 있게 줄 수 있는 경우는 생각보다 많지 않습니다. 모든 업무의 흐름이 예상보다 더 긴박하게 돌아가기 때문입니다. 아무리 예의 있게 이메일을 작성했다고 하더라도, 주어지는 기간이 길지 않으면 받는 사람 입장에서는 낮은 확률이긴 하지만 다소 공격적으로 느껴지거나 거부감이 들 수 있습니다.

또한, 최종 결과물을 보여드려야 하는 분이 높은 직책을 가지신 분이거나 긴급성 업무를 급작스럽게 진행할 때 정해진 기한에 대해 전화를 통한 추가 안내가 필요한 경우가 많습니다.

위의 경우에 해당할 때, 이메일과 더불어 전화를 통해 기한에 대한 추가 설명을 하면 조금이나마 거부감을 덜 수 있을 거로 생각합니다.

"안녕하십니까, 전략기획팀 김비지입니다. 얼마 전 공지된 지자체 공모에 참여하라는 긴급 지시가 있어 해당 내용 정리 후 방금 이메일로 보내드렸습니다. 각 팀별 R&R을 나누었고, 박꿀팁 대리님께서 해당하는 항목에 대해 작성해주시면 됩니다. 다만, 긴급 업무이기에 내일 퇴근 전까지 송부해주시면 감사하겠다는 말씀을 조심스레 드리고자 합니다. (후략)"

리마인드(Remind)

일정에 대한 리마인드

일정을 기준으로 약 2주 전에 미리 이메일을 보냈다고 가정했을 때, 해당 일정을 기억하는 담당자는 많지 않을 것으로 생각합니다. 물론 달력이나 개인적으로 관리하는 스케줄 툴(Tool)에 기입 후 알람을 받는 사람도 있습니다. 그러나 리마인드 이메일을 통해 다시 한번 관련 일정을 안내한다면 센스 가득한 신입사원이 될 수 있습니다.

	답장	전체답장	전달
제목			
보낸 사람			
받는 사람			
참조			
내용			
첨부파일			

기존에 보냈던 이메일에 [전체 답장] 클릭 후 제목을 수정하고 송부하는 것이 좋습니다. 수신인과 참조인이 따라오는 이메일을 통해 상세 일정 확인이 가능하도록 만들기 위해서입니다.

	보내기	미리보기	임시보관
제목	[Remind] 포항 프로젝트 관련 담당자 미팅 진행의 건(6/7 오후 2시)		
받는 사람			
참조			
숨은 참조			
내용	안녕하십니까. 공정설계팀 박꿀팁입니다. 하기 메일과 같이 기안내해 드렸었던 미팅 관련하여		

내용	**Remind 안내해 드리고자 합니다. 바쁘시겠지만 확인 후, 수신인분들께서는 해당 미팅에 참석해 주시면 대단히 감사하겠습니다.** **감사합니다.** **박꿀팁 드림.** ―――――――――――――――――――― (전에 보냈던 메일이 확인되는 부분)

꿀팁 더하기

- 해당 미팅 일정 등에 해당하는 회의실 예약을 사전에 확인하는 것이 좋습니다.
- 팀 내부 미팅인 경우, 리마인드 메일과 함께 팀의 오전 스마트 미팅 등에서 구두로 말씀드리는 것을 추천합니다.
- 잦은 리마인드 메일은 수신인, 참조인이 거부감을 느낄 수도 있으므로 한 번 또는 두 번 정도 하는 것이 좋습니다.

(11) 센스 더하기

이메일과 관련하여 센스 한 스푼 더하는 방법에 대해 안내하겠습니다. 업무를 수행하며 누구나 휴가나 다른 사유로 인해 자리를 비우기 마련입니다. 우리도 그럴 수 있는데, 기간이 길 경우에는 대리 업무인을 선정한 후 '부재 안내 이메일'을 미리 보내드리는 것이 좋고, 기간이 짧을 경우에는 대리 업무인 선정 없이 '부재 안내 이메일'만 보내도 좋습니다. 그러나 아무런 부재 안내 없이 자리를 비운다면 협업하는 분들에 대한 예의가 아니며 나쁜 인상을 심어줄 수 있습니다.

이에 이메일 툴 내 기능을 통해 자동 안내 답변 메일이 가도록 미리 세팅하는 것을 추천합니다. 부재 직전까지 수행하던 업무뿐만 아니라, 부재중에 단발성으로 새로운 분의 업무 관련 신규 메일을 받을 수 있기 때문입니다.

부재 안내 이메일

좋은 예시 - 부재 기간이 길 경우

✉	보내기	미리보기	임시보관
제목	부재 안내의 건(7/7~7/20)		
받는 사람	받는 사람 업무를 수행하고 있는 담당자 모두(유관 부서 등)		
참조	소속 팀장님 등		
숨은 참조			

내용	안녕하십니까. 공정설계팀 김꿀팁입니다. 하계휴가로 인해 상기 제목과 같이 7월 7일부터 7월 20일까지 부재 예정이기에 미리 안내해 드립니다. 해당 기간 내 업무 담당자는 하기와 같으며, 급한 업무가 있을 때는 핸드폰으로 연락주시면 감사하겠습니다. 1. 포천 프로젝트 공정 설계 - 김꿀벌 님 2. 양평 프로젝트 공정 설계 - 여왕벌 님 3. 자재 단가 절감 TF - 이신입 님 4. 팀 내 보안 업무 - 박양봉 님 5. 조직 문화 - 김비지 님 감사합니다. 김꿀팁 드림.		

좋은 예시 - 부재 기간이 짧을 경우

	보내기	미리보기	임시보관
제목	부재 안내의 건(7/7)		
받는 사람	업무를 수행하고 있는 담당자 모두(유관 부서 등)		
참조	소속 팀장님 등		
숨은 참조			
내용	안녕하십니까. 공정설계팀 김꿀팁입니다.		

내용	상기 제목과 같이 내일(7/7) 개인 용무로 인해 연차 사용 예정입니다. 이에 미리 안내드리며, 급한 용무가 있을 시 언제든 편하게 핸드폰으로 연락해 주시면 감사하겠습니다. 김꿀팁 드림.

(12) 마지막 확인하기

메일을 보내기 전, 최종적으로 제목, 수신인 및 참조인, 내용과 오타, 첨부파일 등 하나씩 확인하는 것이 필수입니다. 누구나 실수를 할 수 있기 때문입니다. 경험상 보통 첨부파일 누락, 파일 첨부 오류, 동명이인 발송 오류, 맞춤법 오류 및 오타 등의 실수를 주로 합니다.

신입사원 역시 사람이기에 실수할 수 있고, 많은 분들이 신입사원의 실수는 너그럽게 넘어가는 경우가 많습니다. 그러나 잦은 실수는 꼼꼼하지 못하다는 인상을 줄 수 있고, 이는 업무에 대한 신뢰 하락까지 이어질 수 있어서 주의가 필요합니다. 특히, 같은 실수는 메모 등을 통해 반복하지 않도록 만들어야 합니다.

이러한 방향에서 이메일 작성 후 '발송' 버튼을 누르기 전 아래와 같은 항목을 하나씩 확인하며, 꼼꼼한 신입사원으로 성장하는 것을 추천합니다.

항목별 최종 이메일 확인

수신인, 참조인 등

수신인, 참조인 누락은 없는지, 제대로 기입은 했는지 최종적으로 확인해야 합니다. 동명이인은 아닌지, 외부인의 경우 명함 내 이메일 주소를 정확하게 기입했는지 다시 한번 확인합니다.

제목, 본문 등

제목과 본문 등에서 전달하고자 하는 내용을 명확하게 잘 적었는지 확인합니다. 오타나 치명적인 기한 기재 오류 등을 확인해줍니다. 헷갈리는 맞춤법의 경우 검색 사이트 등을 통해 올바른 맞춤법을 지키는 것까지 챙기길 추천합니다. 동일한 맞춤법 오류를 지속적으로 범한다면 좋지 못한 인상을 줄 수 있습니다.

첨부파일 등

첨부파일 이름 설정, 제대로 된 파일 첨부, 첨부파일 누락 등을 전체적으로 확인합니다. 특히, 최종 버전을 첨부했는지 확인하고 제대로 열리는지 다시 한번 점검하는 것이 좋습니다.

꿀팁 더하기

- 최종적으로 본문을 점검하며, 다소 오해를 살 수 있거나 유관 부서에 공격적으로 보일 수 있는 부분이 있는지 다시 한번 확인합니다.
- 앞서 설명한 것처럼, 최종 발송 전 프린트 후 멘토, 사수 등에게 확인을 받으면 더욱 좋습니다.
- 첨부파일을 여러 번 수정했다면 최종 버전을 첨부한 것이 맞는지 꼭 한 번 더 확인하는 것이 좋습니다.
- 이메일 작성 시간이 길어지는 경우, 임시저장 기능을 통해 오류 등으로 인해 작성한 이메일이 사라지지 않도록 합니다.

(13) 메일함 정리하는 방법

신입사원으로서 조금씩 회사와 함께 업무에 적응하다 보면 조금씩 쌓이는 이메일에 당황스러울 것으로 생각합니다. 이에 이메일 역시 폴더 정리와 같이 메일함을 체계적으로 구성한 후 깔끔하게 정리해야 합니다. 물론 정리하지 않아도 당장 업무를 수행하는 데에는 지장이 없습니다. 그러나 어떤 업무를 하든 추후에는 과거의 기록이나 이메일을 살펴봐야 하는 경우가 발생하므로 체계적인 이메일 관리가 필요합니다. 더불어 메일함을 깔끔하게 정리하지 않으면 이메일을 정리하는 데 추가로 시간이 소요되고, 자칫 중요한 이메일을 놓칠 수도 있다고 생각합니다.

김동주님 사서함	안읽음/전체	용량	관리			
Inbox	683 / 1035	556MB	비우기	새 폴더	메일 올리기	
00_A프로젝트	0 / 0	0B	비우기	새 폴더	이름 바꾸기	삭제
00_공지	0 / 0	0B	비우기	새 폴더	이름 바꾸기	삭제
01_비용	0 / 0	0B	비우기	새 폴더	이름 바꾸기	삭제
02_일정	0 / 0	0B	비우기	새 폴더	이름 바꾸기	삭제
03_품질	0 / 0	0B	비우기	새 폴더	이름 바꾸기	삭제
04_안전	0 / 0	0B	비우기	새 폴더	이름 바꾸기	삭제
01_B프로젝트	0 / 0	0B	비우기	새 폴더	이름 바꾸기	삭제
02_C프로젝트	0 / 0	0B	비우기	새 폴더	이름 바꾸기	삭제
10_OJT 관련	0 / 0	0B	비우기	새 폴더	이름 바꾸기	삭제
20_팀 내 업무	0 / 0	0B	비우기	새 폴더	이름 바꾸기	삭제
00_공지	0 / 0	0B	비우기	새 폴더	이름 바꾸기	삭제
01_주간 월간 업무	0 / 0	0B	비우기	새 폴더	이름 바꾸기	삭제
02_인사	0 / 0	0B	비우기	새 폴더	이름 바꾸기	삭제
30_외부 업체	0 / 0	0B	비우기	새 폴더	이름 바꾸기	삭제
01_꿀벌상회	0 / 0	0B	비우기	새 폴더	이름 바꾸기	삭제
02_꿀팁건설	0 / 0	0B	비우기	새 폴더	이름 바꾸기	삭제
03_비지기획	0 / 0	0B	비우기	새 폴더	이름 바꾸기	삭제
99_기타	0 / 0	0B	비우기	새 폴더	이름 바꾸기	삭제

메일함을 정리하는 기준은 누구에게 보여주는 것이 아니기에 '내가 해당 이메일을 잘 찾을 수 있는가?'를 생각하면 됩니

다. 하지만 이렇게만 얘기하면 감이 잡히지 않을 수 있어 예시를 보여주겠습니다. 저는 보통 프로젝트를 대구분으로 가져가고 있습니다. 자세한 사항은 위의 예시를 참고하길 바랍니다.

(14) 이메일 규칙 설정하기

'이메일 규칙'이란 여러 조건을 부여한 후, 이 조건에 부합하는 이메일을 수신했을 때, 미리 설정한 규칙에 따라 이동, 복사 등의 행동을 수행하는 것을 의미합니다. 앞서 설명한 '(13) 메일함 정리하는 방법'과 함께 규칙을 설정한다면 더욱 효율적이고 수월하게 업무를 수행할 수 있다고 생각합니다. 현직자 중에서도 메일함은 정리하지만, 이메일 규칙까지는 설정하지 않는 경우가 많습니다. 당장 쓰지는 않더라도 이메일 규칙을 설정하는 방법을 미리 알아둔다면, 주어지는 업무량이 많아졌을 때 큰 도움이 될 거로 생각합니다.

플랫폼에 따라 조금 다를 수 있지만, 위의 예시와 같이 구성되어 있는 것이 보통입니다. 직관적이라 규칙을 설정하는 것은 어렵지 않지만, 예를 하나 들어보겠습니다.

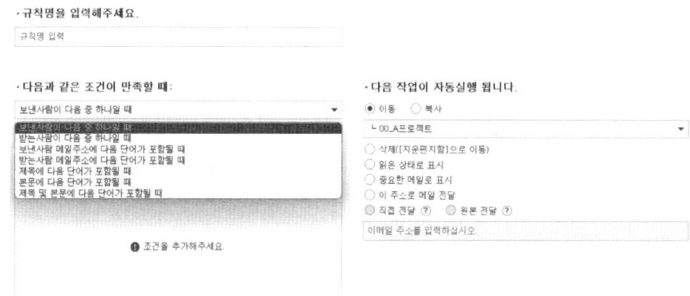

① '제목에 다음 단어가 포함될 때' 선택

② 'A프로젝트', '품질' 단어를 조건으로 입력

③ 해당 메일함인 '00_A프로젝트' 내 '03_품질'로 이동 선택

- 다음 작업이 자동실행 됩니다.

```
◉ 이동    ○ 복사
  ┗ 00_A프로젝트                              ▼
Inbox
  ┗ 00_A프로젝트
     ┗ 00_공지
     ┗ 01_비용
     ┗ 02_일정
     ┗ 03_품질
     ┗ 04_안전
  ┗ 01_B프로젝트
  ┗ 02_C프로젝트
  ┗ 10_OJT 관련
  ┗ 20_팀 내 업무
     ┗ 00_공지
     ┗ 01_주간 월간 업무
     ┗ 02_인사
  ┗ 30_외부 업체
     ┗ 01_꿀벌상회
     ┗ 02_꿀팁건설
     ┗ 03_비지기획
  ┗ 99_기타
Sent Items
```

④ '저장'을 누르면 추후 해당 규칙인 A프로젝트와 품질이라는 단어가 제목에 포함되어 있는 이메일을 수신했을 때, 해당 메일함으로 이동하게 됩니다.

(15) 주소록(DL) 관리하기

사내용 시스템이 있는 경우나 '네이버', '다음' 등의 이메일 플랫폼을 사용하는 경우에 상관없이 'DL'이라고 부르는 주소록을 등록, 활용하면 더욱 편하게 이메일을 작성할 수 있습니다. DL

은 'Distribution List'의 준말로 하나의 프로젝트 등의 목적을 바탕으로 관련이 있는 담당자들을 묶어 놓은 그룹이자 주소록이라고 생각하면 됩니다.

예를 들어, A라는 신제품을 출시하는 프로젝트를 추진하고 있다고 가정합니다. 그러면 이 프로젝트를 담당하고 수행하는 디자인, 마케팅, 연구, 구매, 생산, 영업 등 모든 유관 부서의 담당자들을 하나의 DL에 포함할 수 있습니다. 보통 팀 내 실무자와 함께 팀장까지 DL에 포함하는 것이 일반적입니다.

대부분의 이메일 플랫폼에서 이러한 DL 기능을 제공하고 있으며, 업무를 함께하는 담당자들에게 이메일을 작성할 때 수신인 또는 참조인을 쉽게 불러올 수 있어서 저 역시 매일 활용하는 이메일 기능입니다.

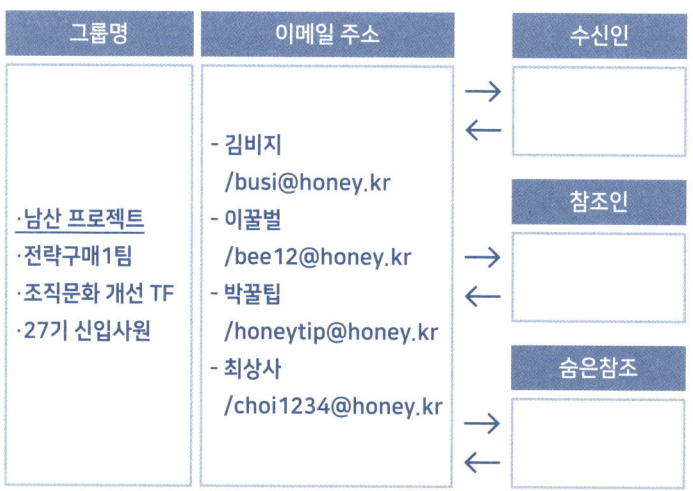

위의 예시와 같이 주소록(DL)을 적절하게 활용한다면 이메일을 작성할 때 수신인, 참조인 등에 포함하고 싶은 담당자를 일일이 입력하지 않아도 수월하게 불러올 수 있습니다. 적절하게 사용하길 바라며, 단 전배(동일 사업장 내의 부서 간 또는 부서 내 이동) 등으로 인해 팀을 옮겼거나 더 이상 해당 업무를 수행하지 않는 경우 즉시 DL에서 삭제하여 불필요한 이메일을 받지 않도록 하는 것이 중요합니다.

(16) 이메일의 상황별 예시

제안	
제목	인프라 사업 관련 제휴 문의의 건
받는 사람	김비지님/ A 기업 마케팅팀
발신	김꿀벌/ B 기업 영업전략팀
내용	안녕하십니까. B 기업 영업전략팀 김꿀벌이라고 합니다. 메일로는 처음 인사드립니다. 다름이 아니오라 A 기업이 현재 추진하고 있는 인프라 사업 관련하여 제휴 문의를 드리고자 합니다. 1. 회사소개

내용	(1) 간략 소개 　B 기업은 현재 차별화된 기술력을 바탕으로 ○○과 ○○사업을 영위하고 있습니다. 현재 매출액은 21년 기준 2,400억 원, 재직자 수는 약 540명이며 (후략) (2) 사이트 　https://www.secretnote.co.kr (3) 기타 　상세 내용은 첨부1 참고 2. 제휴 요청사항 (1) 제휴 안 　귀사의 인프라 사업과 폐사의 IT사업을 접목한 기술제휴 의뢰 (2) 제휴 기간 　2022.11~2023.10 (3) 기타 　상세 내용은 첨부2 참고 3. 첨부파일 (1) 첨부1: B 기업 소개자료 (2) 첨부2: 제휴 관련 제안방안 이상입니다. 첨부파일과 함께 꼼꼼한 검토 부탁드리며, 문의 사항은 언제든 편하게 연락해 주시면 감사하겠습니다. 긍정적인 검토와 함께 좋은 인연이 되길 바라겠습니다. 감사합니다. 김꿀벌 드림.

리마인드

제목	[Remind] 구매 협업방안 자료 요청의 건(~6/9 오전까지)
내용	안녕하십니까. 구매전략팀 김꿀벌입니다.

내용	지난번 오늘(6/8)까지 요청드렸었던 구매 협업방안에 대한 자료를 아직 받지 못해 Remind 드리고자 합니다. 대표님 보고 일정 준수를 위해 내일(6/9) 오전까지 송부해 주시면 대단히 감사하겠습니다. 작성하시며 문의 사항 있으면 편하게 연락해 주시기를 바랍니다. 감사합니다. 김꿀벌 드림.

요청

제목	정부 지원사업 서류제출 요청의 건(~4/13)
내용	안녕하십니까. A 기업지원팀 김꿀벌입니다. 정부 지원사업 선정 후, 심사를 위한 서류제출 요청을 접수하였습니다. 이에 하기와 같이 관련 서류를 요청드리오니, 다음 주 목요일(4/13)까지 송부해 주시면 대단히 감사하겠습니다. 1. 사업자등록증 2. 예금구좌확인서 3. 통장사본 먼저 스캔본으로 송부 요청드리며, 원본은 추후 사전에 요청드릴 계획이니 참고 부탁드립니다. 감사합니다. 김꿀벌 드림.

인사(타팀 전배)

제목 전배 인사의 건

내용

안녕하십니까.
토목시공팀 김꿀벌입니다.

이번 주 금요일(4/11)을 끝으로 토목시공팀의 업무를 마무리 짓고, 토목설계팀으로 전배 갈 예정입니다. 그동안 많은 도움 주셔서 감사드리며, 많은 지원과 가르침 덕에 현재의 제 모습이 있다고 생각합니다.

지금까지 배운 업무를 바탕으로 새로운 부서에서 지속적으로 성장하도록 하겠습니다. 또한, 업무 관련 지속적으로 연락드릴 것 같아 새로운 소속에서도 잘 부탁드립니다.

지금까지 제가 맡았던 업무는 이꿀팁 주임이 수행할 예정이며, 문의 사항은 새로운 팀 전배 후에도 언제든 편하게 연락해 주시면 감사하겠습니다.

다시 한번 감사하다는 인사드리며, 또 다음 프로젝트 때 뵙도록 하겠습니다. 감사합니다.

김꿀벌 드림.

감사

제목 신제품 출시 관련 감사 인사의 건

내용

안녕하십니까.
상온카테고리팀 김꿀벌 연구원입니다.

내용	약 두 달 동안 물심양면으로 애써주신 덕분에 최종 신제품 테스트에 합격하였고, 다음 달인 12월에 3대 대형마트에서 우선적으로 출시할 예정입니다. 잦은 배합비 변경과 여러 힘든 요청에도 묵묵히 테스트에 응해주셔서 감사드립니다. 모든 공은 상온생산팀 덕이라고 생각합니다. 다시 한번 감사드린다는 말씀드리며, 1차 샘플은 다음 주까지 생산팀 앞으로 전달하도록 하겠습니다. 신제품 출시 전까지 지속적으로 도와주시길 부탁드립니다. 감사합니다. 김꿀벌 드림.

축하(승진)

제목	승진 축하의 건
내용	안녕하십니까. 마케팅전략팀 김꿀벌입니다. 이번 정규 승진 대상자에 포함되어, 프로로 승진하시는 것을 진심으로 축하드립니다. 업무에 대한 열정과 함께 끊임없는 노력 덕이라고 생각합니다. 프로 승진 이후에도 업무적으로 도움을 드릴 수 있도록 저 역시 노력하도록 하겠습니다. 항상 발전을 거듭하고 건승하시기를 바라겠습니다. 우선, 메일로나마 먼저 축하 인사드리며 조만간 만나 뵙고 다시 한번 축하드리도록 하겠습니다. 감사합니다. 김꿀벌 드림.

문의

제목	펜스 단가 등 문의의 건
수신	꿀펜스 견적 담당자님
발신	김꿀벌/ A 기업 전략시너지팀
내용	안녕하십니까. A 기업 전략시너지팀 김꿀벌입니다. 메일로는 처음 인사드립니다. 현재 꿀펜스에서 생산하고 있는 글로벌 펜스에 대해 문의드리고자 합니다. 하기와 같이 정리 후, 문의드리오니 바쁘시겠지만, 확인하신 다음 회신주시면 대단히 감사하겠습니다. 1. 개당 단가 혹시 수량별로 단가가 달라지는 경우 함께 알려주시면 감사하겠습니다. 2. 발주 후 소요 기간 3. 선택 가능한 색상 4. 설치 가능 여부 이상입니다. 그럼, 답변 기다리도록 하겠습니다. 감사합니다. 김꿀벌 드림.

문의에 대한 답변

제목	Re: 펜스 단가 등 문의의 건
내용	안녕하십니까. 꿀펜스 최비지 대리입니다. 문의하신 부분에 대해 하기와 같이 파란색 강조 표시로 답변드립니다. 추가로 궁금하신 사항 있으면 언제든 연락 부탁드립니다. 1. 개당 단가 　혹시 수량별로 단가가 달라지는 경우 함께 알려주시면 감사하겠습니다. 　→ 개당 35,000원이며, 1,000개 이상 발주 시 개당 33,000원입니다(VAT 별도). 2. 발주 후 소요 기간 　→ 보통 약 3주 소요되나, 발주하는 시점에 따라 다소 상이합니다. 3. 선택 가능한 색상 　→ 화이트, 블루, 블랙, 그레이 가능합니다. 원하시는 색상 적용 및 발주도 가능하나 개당 단가 2,000원씩 추가되니 참고 부탁드립니다. 4. 설치 가능 여부 　→ 기본적으로 설치 서비스는 제공하고 있지 않습니다. 단, 제휴를 맺고 있는 설치회사 소개가 가능하며 타사 대비 저렴하게 설치 가능하니 필요하시면 말씀 부탁드립니다. 이상입니다. 감사합니다. 최비지 드림.

보고	
제목	소비자 관능 평가(8/12 시행) 보고의 건
내용	안녕하십니까. 관능팀 김꿀벌입니다. 지난 8월 12일 진행했던 소비자 관능 평가 보고드립니다. 1. 조사 목적: HMR 신제품 출시 전, 소비자 관능 평가 및 피드백 반영 2. 조사 대상: 3040 아이를 둔 주부 3. 조사 항목: 신제품 경쟁사 비교 관능 평가, 개선사항 등 4. 조사 결과: 총 5.0 만점에 4.1점으로 조사되었으며, 자세한 사항은 첨부파일 참고 관련하여 추가적으로 궁금한 부분이 있거나 필요하신 자료가 있으면 편하게 연락해 주시면 감사하겠습니다. 김꿀벌 드림.

제출	
제목	착공신고 관련 요청 서류 송부의 건
수신	이비지 주무관님/ 00 구청
발신	김꿀벌/ A기업 공무팀
내용	안녕하십니까. A 기업 공무팀 김꿀벌입니다. 주무관님, 지난번 미팅 때 요청하신 착공신고 관련 요청 서류 준비

| 내용 | 후 첨부와 같이 송부드립니다. 꼼꼼하게 확인 후 첨부하였으나, 혹 누락된 필수서류가 있는 경우 언제든 편하게 연락해 주시면 감사하겠습니다.

김꿀벌 드림.

첨부 1. 현황 측량도
첨부 2. 시공 일정
첨부 3. 안전관리계획 |

02 보고(프레젠테이션) 및 문서 작성법

(1) 보고(프레젠테이션)하는 방법

잘못된 프레젠테이션 유형과 올바른 방향

사전 준비 미흡

출장 보고 등의 가벼운 보고 자리라고 하더라도 사전 준비는 필수입니다. 특히, 보고 자리 필수 참석인을 다 모셔놓고 TV, 빔프로젝터, 포인터 등을 점검하거나, 보고 시작 시각이 다 되어서야 부랴부랴 시스템을 부팅하고 자료를 여는 등의 실수를 많이 봤습니다. 보고하는 자리의 경중을 떠나서 미리 해당 장소에 도착하여 발표할 자료를 띄워놓고, 스크립트 등을 바탕으로 연습하는 것은 필수입니다. 더불어 준비한 인쇄물을 각 자리에 두고, 음료가 필요한 자리라면 사전에 주문하여 미리 테이블 위에 올려둘 수 있도록 합니다.

듣는 사람을 고려하지 않은 보고

같은 자료라고 하더라도 듣는 사람이 누구인지에 따라 발표하는 방법을 달리해야 합니다. 예를 들어 10년 이상 근무한 디자인팀장을 대상으로 발표한다면 자주 쓰는 약어를 풀어서 설명하거나 현재 회사가 추진하는 디자인 프로젝트의 개요 등을 소개하는 것은 시간 낭비일 것입니다. 반대로 신입사원을 대상으로 사내 시스템 오리엔테이션을 진행하는데 다짜고짜 약어를 사용하거나 처음 접하는 '사내 법무 시스템' 등에 대한 자세한 소개 및 설명 없이 바로 기능과 사용 방법을 안내한다면 좋지 못한 발표가 될 수 있습니다.

보고 읽기

보고자는 사전에 보고할 내용에 대해 자료를 완벽하게 작성한 후 이를 공유해야 합니다. 더불어 보고를 위한 스크립트를 준비하여 보고 자료와 함께 여러 번 맞춰봐야 하는 것이 필수입니다. 물론 스크립트 전체를 외워서 보고할 수는 없지만, 준비한 스크립트를 힐끔 보며 자연스럽게 보고를 진행할 수 있을 정도로 준비해야 합니다.

가장 좋지 못한 보고자의 자세 중 하나는 스크립트를 보고 읽거나, 띄워놓은 보고 자료를 보고 읽는 것입니다. 보고자는 보고하는 내용에 대해 눈 감고도 술술 나올 정도로 누구보다 잘 알고 있어야 합니다. 그래야 해당 내용을 온전히 잘 전달할 수 있기 때문입니다. 또한 보고할 때, 보고를 받는 사람과 시선을 맞추며 효과적으로 전달하기 위해 노력해야 하고, 그 전체를 리딩(Leading)해야 하기 때문에 보고 읽는 자세는 지양해야 합니다.

비즈니스 매너에 부합하지 않는 모습

보고 자리에 참석해보면 보고자가 "다음으로 넘겨주세요" 또는 "다음, 다음!"이라는 신호를 보내며 다음 슬라이드를 보내는 신호를 간혹 듣게 되는 경우가 있습니다. 이는 비즈니스 매너에 부합하는 자세가 아닙니다. 또한 빔프로젝터를 통해 스크린에 비춘 화면을 직접 손으로 가리키며 보고를 하는 보고자도 많습니다. 이러한 행동은 빔프로젝터 일부를 가려 보고를 듣는 사람들의 시야를 방해할 뿐만 아니라 좋은 행동도 아닙니다.

그렇기 때문에 레이저 포인터 등을 이용하여 강조하고 싶은 부분 등을 가리키고, USB에 연결하는 보조 도구를 통해 보고자가 '직접' 슬라이드를 넘기며 능숙하게 보고할 수 있도록 만드는 것이 좋습니다.

앉아서 하는 보고

경우에 따라 예외가 있을 수 있지만, 보고를 위한 기본자세는 일어서서 파워포인트 등의 자료와 함께 보고하는 것입니다. 참석하는 사람 중 제일 상급자의 특별한 요청이나 지시 등이 없다면 일어선 상태로 보고하는 것이 기본이기 때문에 이를 따르는 것이 좋습니다.

미흡한 시간 관리

사전 이메일 등을 통해 안내한 시간을 준수할 수 있도록 노력해야 합니다. 준비된 보고량에서 초반에 다소 초과하는 부분이 있었다면, 남은 보고를 진행할 때 빨리 진행한다든지 중요하지 않은 부분은 넘어가는 등의 노력을 통해 약속한 종료 시각을 지킬 수 있도록 합니다.

또한 보고가 약 1시간 정도를 넘어간다면 중간에 쉬는 시간을 부여하여 보고자와 참석자 모두가 조금 쉬어갈 수 있도록 하는 것이 중요합니다.

Q&A 시간 부재

일방적인 보고는 지양해야 합니다. 양방향 소통과 보고를 위해서는 보고가 길 경우 각 보고 장(Chapter)별로, 또는 보고가 다소 짧은 경우 모든 보고가 끝난 후 Q&A 시간을 부여하여 참석한 분들의 궁금증을 최대한 해소해 줄 수 있도록 만드는 것 역시 센스입니다.

좋은 프레젠테이션 프로세스

① 보고가 필요한 업무 발생 시 일정 협의
② 해당 일정 및 장소 확정 후, 이메일 사전 공유
③ 보고 자료 작성 및 중간 피드백 반영
④ 보고 일정 리마인드
⑤ 보고 자료 완성 및 사전 준비
⑥ 당일 보고 진행
⑦ 피드백 반영 및 Follow-up 사항 진행

프레젠테이션 꿀팁

일정 사전 확인

보고를 하는 자리에 팀장급, 임원급 분들이 꼭 참석해야 한다면 사전에 일정을 명확하게 확인하는 것은 필수입니다. 바쁜 일정들이 빼곡하게 차 있기 때문입니다. 보고 목적, 내용, 참석 예정인, 일시, 장소 등의 구체적인 내용을 바탕으로 미리 연락해 일정을 수립하도록 합니다.

사전 자료 공유 및 하드카피 준비

보고 최종 자료에 대해서 사전에(최소 하루 전) 이메일 등을 통해 공유할 수 있도록 하는 것이 센스입니다. 보고를 받는 분들도 사전에 생각을 정리하고, 관련하여 질문 등을 준비할 수 있도록 배려하는 행동이기 때문입니다. 보고 직전까지 수정이 예상되는 경우에도, 발표 전날 기준 최종본을 송부하고, 이후 보고 당일, 이러이러한 부분이 최종 변경되었다고 가볍게 언급한 후 진행하면 매우 깔끔한 보고로 만들 수 있습니다.

더불어 인쇄물을 준비하여 보고 당일 테이블 위에 올려두는 것 역시 센스입니다. 함께 보는 화면은 보고자만 조작이 가능하기에, 인쇄본까지 준비하여 원하는 자료를 다시 보도록, 또는 다음 내용을 미리 보도록 배려하도록 합니다.

복장

최근 자율적인 복장으로 바뀌는 회사가 많아지고 있습니다. 그럼에도 불구하고 높은 분들이 참석하는 자리에는 아직도 격식을 요구하는 경우가 많기 때문에 복장에 신경 쓰는 것을 강조하고 싶습니다. '비즈니스 캐주얼'을 추천하며, 여름이어도 꼭 재킷까지 갖춰 입도록 합니다.

사전 피드백(완성도 높이기)

보고 자리, 특히 유관 부서, 타팀 담당자 등이 참석할 때는 보고하는 내가 우리 팀의 얼굴이 됩니다. 더불어 보고 자료도 팀의 실력 등을 그대로 드러내는 것이기 때문에 사전에 피드백을 받으며 완성도를 높이는 것은 필수입니다.

1~2일 전에 급하게 요청하는 것이 아닌, 초안 기반 보고, 중간보고 등 지속적으로 피드백을 요청하며 적극적으로 반영할 수 있도록 합니다. 우리는 아직 성장해야 하고 많이 부족한 신입사원이니까요.

(2) 문서 작성하는 방법

잘못된 문서의 특징

디자인'만' 화려한 문서

막상 뜯어보니 알맹이는 없고, 겉만, 즉 디자인만 화려한 문서는 잘못된 문서 유형 중 하나입니다. 문서는 목표로 하는 대상에게 어떠한 정보를 효과적이고 체계적으로 전달하기 위한 수단입니다. 따라서 전달하고자 하는 메시지가 제대로 반영되어 있지 않은 겉만 화려한 문서는 좋은 문서라고 볼 수 없습니다.

작성자 의견이 반영되어 있지 않은 문서

시장 분석, 어려움, 각 방안의 장단점, 예상 효과 등을 잘 녹였지만 결론과 함께 작성자 의견이 반영되어 있지 않은 문서를 보면 어떠한 반응이 나올까요? 당연히, "그래서 어떻게 하자는 거야?"라는 질문이 먼저 나옵니다. 결국 보고서 등의 문서에는 작성자의 의견까지 반영되어 있어야 합니다. 다음과 같이요.

"부장님, 이러이러해서 현재 시장 현황에 맞게 A, B, C 세 안을 고려해봤습니다. 그중 B 안이 투자비는 높지만 투자 회수 기간이 제일 짧으며 효과는 제일 클 거라 판단합니다. 확보 가능한 투자비 수준만 명확히 파악한 다음 여유가 있다면 B 안이 제일 좋을 거로 생각합니다."

핵심을 파악하기 힘든 문서

장황하게 여러 내용은 포함했는데, 결국 전달하고자 하는 핵심을 '한 문장'으로 파악할 수 없는 문서는 효율적이라고 볼 수 없습니다. 결국 문서의 목적은 어떠한 내용을 타깃에 오롯이 전달하는 것이니까요. 이러한 유형의 문서도 잘못된 문서 중 하나라고 생각합니다.

즉, 우리는 문서를 작성할 때 누가 읽어도 결국 '아, 이러한 내용을 전달하는 거구나!'라고 느낄 정도로 핵심을 체계적으로 녹일 수 있어야 합니다.

흐름이 없는 문서

문서를 체계적으로 잘 썼다는 느낌이 들기 위해서는 읽으면서 드는 생각과 문서의 구성과 흐름이 일치해야 합니다. 즉, 문서를 읽을 때 앞으로 다시 넘겼다가 뒤로 넘겼다가 하며 다소 낯선 흐름이거나 이해하기 힘든 부분이 많은 문서는 좋은 문서라고 할 수 없습니다.

항상 흐름에 따라 이해가 쉽게 되고, 다음 내용이 예측되는 문서로 '간단명료'하게 전달하고자 하는 바를 담을 수 있어야 합니다.

문서를 작성하는 방법

누구에게, 어떠한 메시지를 전달하려고 하는가

문서를 작성하기 전에 누구를 대상으로 하는지, 어떠한 핵심 메시지를 전달하려고 하는지부터 명확하게 하는 것이 중요합니다. 이 두 가지를 확실하게 해야 추후 일명 '예쁜 쓰레기'라고 일컫는, 시간과 노력은 엄청 들어갔는데 쓸모없는 문서가 탄생하지 않도록 할 수 있기 때문입니다.

예를 들어, 팀장님이 다음과 같이 말했다고 가정해볼까요?

"○○님, 이번 R&D 센터 입지 후보 관련해서 다음 주 주간회의 때 상무님께 보고드릴 수 있도록 준비해줄 수 있을까?"

그렇다면 여기서 문서를 수신하는 사람은 '상무님', 전달하려는 핵심 메시지는 'R&D 센터 입지 후보'가 될 수 있습니다. 메시지를 더 구체적으로 정리한다면, 'R&D 센터 입지 후보 3개와 각 안에 대한 장·단점, 그리고 투자비와 기타 신규 유틸리티 공급 가능성 내용까지 포함하여 최종 결정한 후보'입니다.

이렇게 두 가지 사항을 명확하게 정한 후, 문서 작성을 시작하도록 합니다.

필요한 배경 자료 수집과 체계적인 정리

누구에게, 그리고 어떠한 메시지를 전달할지 정했다면, 필요한 배경 자료 수집에 착수합니다. 문서를 바탕으로 보고받는 입장에서는 어떠한 부분이 궁금할지 생각하며 자료를 수집한다면 양질의 자료를 모을 수 있습니다. 지금까지 정리했던 내부 공유자료, 그리고 인터넷 검색 등을 바탕으로 한 외부 자료를 가리지 않고 모으도록 합니다.

단, 내부 공유자료는 대부분 필터링 후 신빙성 있는 자료들을 모아놓았을 가능성이 높은 반면, 인터넷 검색자료 등은 그렇지 않을 가능성이 높기 때문에 객관적인 사실이 맞는지 꼼꼼하게 검토하며 자료를 수집할 수 있도록 합니다. 필요한 자료의 예시는 다음과 같습니다.

① R&D 센터의 개요(목적, 일정, CAPA, 계획 면적 등)
② 투자비(투자비 승인현황, 추가 투자비 확보방안, 투자비 사용 계획 등)
③ R&D 센터 입지 후보 기준(본사로부터의 거리, 토지 목적, 전

기 등 유틸리티 접근성 등)

④ 경쟁사(같은 업계) 또는 타 업종 기업의 R&D 센터 위치 및 현황 등

⑤ R&D 센터 입지 후보 3개 정리(위치, 면적, 유틸리티 접근성, 주변 인프라, 예상 비용 등)

⑥ 후보 1개 선정 내용(문서 작성자 의견 기반)

⑦ 향후 계획(이후 프로세스, 일정 등)

자료를 수집할 때 중요한 것은 조금이라도 추후 쓰일 가치가 있는 것으로 판단되면 일단 포함하는 것입니다. 또한 정리하면서 자료를 수집하는 것이 아니라, 수집하는 과정에서는 객관적인 자료를 있는 그대로(Raw Data) 모으고, 이후 수치를 바탕으로 체계적인 정리를 할 수 있도록 합니다.

순서 정리

이렇게 모은 자료와 체계적인 정리를 바탕으로 순서를 정해야 합니다. 다들 논문처럼 정해진 틀이 있다고 생각하기 쉽습니다. 배경, 목적, 결론, 효과 등의 순서 말이죠. 하지만 회사에서 정해진 구성이나 순서는 따로 없습니다. 내가 말하고자 하는 메시지가 무엇인지에 따라 과감하게 생략해도 되는 순서가 있을

수 있고, 결론을 먼저 말하고 그다음 순서부터 차례대로 진행할 수도 있다고 생각합니다. 또한 '배경' 등의 획일화된 구성이 아닌, 핵심 메시지에 따라 얼마든지 '시장을 선점하기 위한 타이밍' 등으로 수정, 활용할 수도 있습니다.

순서를 구성할 때에는 항상 문서를 읽는 사람의 입장에서 생각하며 최적의 순서를 고민하는 것이 중요합니다. 예를 들어, 해당 상무님이 부동산팀 담당이라면 다음과 같은 순서는 어떨까요?

① R&D 센터 입지 후보(위치, 면적, 유틸리티 접근성, 주변 인프라, 예상 비용 등)
② 최종 후보 1개 안
③ 경쟁사 또는 타 업종 기업의 R&D 센터(위치, 현황, 예상 구축 비용 등)
④ 투자비(투자비 승인현황, 사용계획 등)
⑤ 향후 계획(입지 선정 이후 프로세스, 일정 등)
⑥ R&D 센터 개요(목적, CAPA, 연구 대상 제품 등): 이 부분은 Appendix로 빼서 예상 질문과 답변으로 대비할 수도 있음

가독성 높이기

표, 그래프 등을 활용하여 한눈에 쉽게 볼 수 있도록 가독성을 높이는 것이 중요합니다. 문서를 잘 작성했다는 기준은 '얼마나 쉽게 이 문서에서 말하고자 하는 핵심 메시지를 파악할 수 있는가'이기 때문입니다.

또한 여러 문장의 글보다는 한두 개의 이미지 자료가 더 좋은 효과를 낼 수 있는 경우에는 이미지로 과감하게 대체하는 것도 하나의 좋은 방안이 될 수 있습니다. 예를 들어, '현재 부지의 현황입니다. 나대지 상태로 컨테이너 두 대 정도가 놓여 있고, 주위에 옹벽으로 싸여 있습니다. 수풀은 관리되어 있지 않은 상태입니다'라고 구구절절 이야기하는 것보다는 직접 찍은 사진 한두 장을 보여주는 것이 더 좋은 효과를 나타낼 수 있습니다.

예상 질문 반영(Appendix)

체계적으로 문서를 구성, 작성 완료한 후, 문서를 보는 사람 입장에서 어떠한 내용이 구체적으로 더 궁금할지 생각하는 단계입니다. 이를 바탕으로 앞서 조사한 자료들을 Appendix로 맨 뒤에 작성하여, 질문에 대한 답변을 할 때 자료로 활용할 수 있도록 합니다.

예를 들어,

"해당 부지의 한국전력 신규 전기설비 인입 시 비용은 확인했는데, 사용 전력 단가는 시간대별로 어떻게 되나요?"

이와 같은 질문이 들어왔을 때, 단가표 등을 바탕으로 답변할 수 있도록 Appendix로 뒤에 따로 정리해 놓는 것이 좋습니다.

최종 확인

문서를 다 작성했다면 눈으로만 보는 것이 아니라, 꼭 입으로 읽고 되뇌면서 점검하는 것을 추천합니다. 이렇게 직접 입으로 읽다 보면 다소 어색한 부분을 찾을 수 있고, 핵심 메시지가 없거나 흐름이 매끄럽지 못한 부분을 바로 발견할 수 있습니다. 특히, 노트북이나 모니터 화면을 보면서 읽는 것이 아닌, 꼭 인쇄한 후 인쇄본을 바탕으로 최종 확인하면서 수정할 수 있도록 합니다.

문서를 작성하는 꿀팁

레퍼런스 확인

신입사원이기에 문서에 대한 감이 오지 않는다면 팀에서 통용하고 있거나 팀장, 파트장들이 칭찬하는 문서들을 저장했다가 뜯어보는 것이 좋습니다. 물론 상사의 스타일에 따라 추구하는 방향이 다소 다를 수는 있지만, 대개 칭찬을 받는 문서는 체계적이며 핵심 메시지가 제대로 담겨 있을 확률이 높습니다.

처음에는 그대로 따라 하는 것도 좋지만, 점차 성장할수록 온전히 다 수용하는 것이 아닌 나만의 기준 등을 바탕으로 필터링하여 수용하는 등 차별화된 문서를 작성하기 위해 노력하는 것을 추천합니다.

핵심 메시지 한 줄

전체 문서의 내용을 관통하는 하나의 메시지를 완벽하게 담았더라도, 각 장에서 말하고자 하는 메시지 역시 간단명료하게 전달할 수 있어야 합니다. 물론 체계적인 문장 구성 등으로 전달할 수도 있지만, 다소 부족한 느낌이 든다면 제일 위에 이 장에서 얘기하고자 하는 핵심 메시지 한 줄을 추가하는 것은 어떨까요?

예컨대 '코로나19로 인한 판매 부진으로 섬유 부문 작년 매출 35% 감소, 영업이익 60% 급감' 등으로 말이죠.

시각 자료

모든 부분에 시각 자료를 넣으면 다소 산만한 느낌을 주는 것이 사실입니다. 그러나 단순한 줄글이 아닌 매출, 기대 효과 등을 그래프, 표 등의 시각 자료로 바꿔서 적용한다면 더 효과적으로 메시지를 전달할 수 있습니다.

목차와 현재 타이틀 기입

다소 짧은 장수의 문서는 상관없지만 20장, 30장 그리고 그 이상으로 긴 내용을 포함하는 문서의 경우 목차는 필수라고 생각합니다. 목차는 꼭 표지 다음 2페이지에 기재할 필요는 없고 중간 부분에 사용하여 이후에 나오는 내용에 대해 언급해도 무방합니다.

또한 목차를 기재했다고 하더라도 현재 어느 부분을 읽고 있는지 명확하게 파악하기 위해 현재 타이틀을 제일 위 또는 아래에 기입하는 것을 추천합니다. 워드, 한글로 작성하는 문서의 경우에는 머리말, 꼬리말 등을 활용하는 것이 좋고, 파워포인트를 활용하는 경우에는 제일 위에 텍스트 상자(마스터 보기로 전체 일괄되게 적용하는 것을 추천) 등으로 현재 타이틀을 기입합니다. 이를 바탕으로 읽는 사람으로 하여금 현재 어느 부분을 발표하고 있는 것인지 듣는 사람이 인지할 수 있도록 만드는 것이 좋습니다.

폰트와 정렬 등의 통일감

내용을 체계적으로 잘 담았음에도 불구하고, 폰트나 정렬 등을 제대로 하지 않는다면 완성되었다는 느낌을 줄 수 없습니다. 그리고 이러한 미흡한 요소로 인해 내용까지 신뢰성을 얻지 못할 가능성도 있고요. 그렇기 때문에 문서 내용이 완성되었다면 최종 점검을 통해 폰트 등을 확인하는 것은 필수입니다.

폰트의 경우 최대 2~3개 정도만 쓰는 것을 추천합니다. 저 같은 경우 제목 1개, 내용 1개, 강조를 위한 폰트 1개 등 총 3개를 사용하거나, 제목 및 내용 1개, 강조를 위한 폰트 1개 등 총 2개를 사용하는 것을 추천합니다. 더 많은 종류의 폰트를 사용한다면 내용에 집중하기 힘들고, 다소 산만한 느낌을 줄 수 있습니다. 더 나아가 폰트의 크기 역시 통일할 수 있도록 합니다. 제목, 본문 등으로 구분하여 폰트 크기까지 통일해야 정돈되어 있다는 느낌을 줄 수 있습니다.

정렬 역시 신경 써야 하는 부분입니다. 텍스트 정렬, 도형 정렬과 함께 좌측 시작점까지 일치하여 전체를 깔끔하게 통일하고 마무리한 느낌을 주어야 합니다. 모니터 등으로 확인하는 것도 좋지만 인쇄 후 하나씩 확인하면 미흡한 부분을 즉시 확인할 수 있다는 점도 참고해주세요.

디자인보다는 내용에 집중

실제 업무를 하다 보면 디자인에 할애할 수 있는 시간이 거의 없습니다. 그리고 다르게 생각해보면 디자인에 집중할 수 있는 시간마저 더 체계적인 내용 반영과 수정을 위해 투자하는 것이 더 효용성이 높다고 생각합니다.

인터넷에 떠도는 멋있는 템플릿 등을 바탕으로 화려하게 꾸미는 것이 아닌, 앞에서 설명한 정렬 등을 바탕으로 깔끔한 느낌을 줄 수 있도록 최소한의 디자인만 신경 쓰는 것을 추천합니다.

01 명함 주고받는 방법

대학생 때 이미 대외활동 등을 통해 명함을 만들고 이미 여러 번 주고받았던 신입사원도 있을 수 있습니다. 그러나 대부분은 인턴 또는 신입사원이 된 후에 자기 소속과 이름 등이 담긴 '명함'을 처음 만들게 됩니다.

단순히 종이를 주고받는 거라고 가볍게 생각할 수 있지만 명함을 주고받는 작은 행동 하나에도 비즈니스 매너가 필요합니다. 결례를 범하면 첫인상이 안 좋아질 수 있고, 반대로 예의를 갖추며 명함을 제대로 주고받는다면 좋은 인상을 남기고 업무를 더욱 수월하게 풀어나갈 수 있기 때문입니다.

명함 준비하기

사전 명함 준비 ↗ 내 첫인상과 같으므로 카드지갑, 노트 등에 꼬깃꼬깃 넣지 않습니다.

회사 내 시스템 또는 팀 내 담당자에게 문의하여 명함을 신청합니다. 이때 헷갈리는 명함 종류, 팀명 등의 내용이 있다면 자의적으로 판단하는 것이 아니라, 팀 내 다른 분들의 명함을 참고하며 만들도록 합니다. 보통 짧게는 1~2일, 길게는 일주일 이상 걸리는 경우도 있습니다. 그렇기 때문에 해당 팀에 배치받은 후에 바로 명함을 신청할 수 있도록 합니다.

명함 보관

명함 지갑에 충분한 양을 넣은 후, 구겨지거나 찢어지지 않게 보관합니다. 하의가 아닌 상의 안주머니 등에 보관하는 것이 좋습니다.

꿀팁 더하기

- 명함 수령 전 또는 실수로 명함을 지참하지 못했을 때, 정중하게 양해를 구한 후 추후 문자나 메일을 통해 명함을 전달합니다.
- 명함을 일부러 거꾸로 넣어두면 상대방이 받았을 때 방향에 맞게 내 명함을 바로 확인할 수 있습니다.

명함 드리고 인사하기

명함 드리기
상대방이 정방향으로 내 명함을 바로 볼 수 있도록 거꾸로 해서 두 손으로 정중하게 드립니다.

인사말 건네기
명함 내용 확인 후 회사 위치 등의 내용을 바탕으로 가볍게 인사를 건네면 좋습니다.

명함 내용 확인 후, 회사 위치 등의 내용을 바탕으로 가볍게 인사를 건네면 좋습니다.

예) 수원에서 출발하셨는데 멀지 않았나요?
　　오늘 오전부터 비가 오는데 막히지 않았나요?

명함 보관
받은 명함은 회의가 끝날 때까지 다른 곳에 넣지 않고, 책상 위에 올려둡니다. 회의 종료 후에 명함을 정리한 후 따로 보관합니다.

비즈니스 매너
명함을 구기거나 낙서를 하지 않는 것이 매너입니다. 명함은 서서 주고받고, "설계팀 김꿀팁입니다" 등으로 가볍게 인사하며 건넵니다.

꿀팁 더하기

- 회의 중 명함 내 기재된 정보를 바탕으로 성함과 직급을 언급하는 것을 추천합니다.
"○○○ 대표님, 이 안건 어떻게 생각하시나요?"
"○○○ 대리님, 생각하고 계신 부분 알려주시면 감사하겠습니다."
"○○○ 프로님, 해당 업무 진척 사항과 협의 사항에 대해 동의하시나요?"

명함 정리하기

체계적으로 정리하기 → 추후 연락해야 할 상황이 생기거나 팀원들이 찾는 경우가 있으므로 회의 종료 후 즉시 정리합니다.

명함집 또는 '리멤버' 등과 같은 앱을 활용하여 명함을 체계적으로 정리해둡니다.

02 폴더와 파일 체계적으로 정리하기

회사 내 업무는 대부분 연속적입니다. 일을 매일매일 연속적으로 수행하지는 않아도, 갑자기 한 달 전 작성한 파일 등이 필요한 경우가 많습니다. 그리고 협업하는 동료가 공용 폴더 등을 통해 쉽게 확인하거나 원하는 파일을 바로 찾을 수 있도록 만들기 위해서도 체계적인 폴더 정리와 깔끔한 파일명 설정은 중요한 업무적 역량 중 하나라고 생각합니다.

바탕화면 내 엉망진창인 폴더와 파일들을 어떻게 정리해야 할지 항상 고민만 했을 텐데요. 깔끔하고 체계적으로 정리하는 꿀팁들을 정리해서 하나씩 알려주겠습니다.

파일명에 대해 이해하고 사용하기

파일명 구성

파일명을 체계적으로 구성하는 이유는 열기 전에도 작성한 날짜와 함께 내용 등을 쉽게 유추하도록 만들기 위해서입니다. 파일명은 보통 아래와 같이 구성합니다.

'프로젝트명_세부업무명_날짜_버전'

이름	수정한날짜	유형	크기
태국 LNG PJT_Master Schedule_220220_Rev.3.xlsx	2022-02-20 오후 7:57	Microsoft Excel 워크...	17KB

파일의 버전 표현

① Rev.숫자(예: Rev.0, Rev.1, Rev.2 등)

② Rev.영어(예: Rev.A, Rev.B, Rev.C 등)

③ V.숫자(예: V0, V1 등)   Rev는 Revision의 줄임말
V는 Version의 줄임말

꿀팁 더하기

- 날짜가 중요한 프로젝트의 경우 아래와 같이 파일명을 구성합니다.
  '날짜_프로젝트명_세부업무명_버전'
- 파일명을 바꾸는 경우는 크게 두 가지입니다.
  ① 서식, 구도 등 큰 변화가 있을 경우(파일 버전 변경)
     예) Rev.1 → Rev.2
  ② 작은 변화만 있을 경우(버전 변경 없이 파일명만 수정)

예: OOPJT_구매목록_220415_Rev.1_김비지 수정
- 수정 후 파일을 저장한 다음, 메일을 통해 전송할 때 담당자가 수정한 부분을 쉽게 확인하도록 마킹 등을 통해 표시합니다(센스 더하기).

연도	오더번호	투자명	담당자	공급 업체명
2022년	6001111	생산성 개선 ○○ 투자	박꿀팁	A사
2022년	6002222	품질 개선 ○○ 투자	박꿀팁	B사
2022년	6003333	안전 개선 ○○ 투자	박꿀팁	C사
2022년	6004444	신규 라인 구성 ○○ 투자	김비지	D사

> Frame 등 큰 변경이 있을 경우 메일 본문에 변경 내용을 자세하게 적습니다.

폴더명 설정과 폴더 구성

폴더 구성

폴더 구성에 정답은 없다고 생각합니다. 체계적으로 알아보기 쉽게 구성하면 되고, 원하는 파일을 원하는 위치에서 바로 찾을 수 있도록 만들어야 합니다.

'제삼자가 봤을 때 해당 파일을 쉽게 찾을 수 있는가?'로 기준을 삼고 폴더를 구성하는 것이 좋습니다.

폴더 구성 예시

- ∨ 김비지
  - \> 01_A프로젝트(20년)
  - 02_B프로젝트(20년)
  - 03_C프로젝트(21년)
  - 04_D프로젝트(22년)
  - 10_OJT 자료
  - 99 개인 자료

- ∨ 01_A프로젝트(20년)
  - 00_기준정보
  - 01_프로젝트 비용
  - 02_프로젝트 일정
  - 03_프로젝트 조직도 및 R&R
  - 11_발주처 보고
  - 12_내부 주간보고

폴더명 구성

보통 '숫자_폴더내용'으로 작성하여 이름순으로 정렬했을 때, 확인하기 쉽게 폴더명을 구성합니다.

폴더명 예시

- 00_기준정보
- 01_프로젝트 비용
- 02_프로젝트 일정
- 03_프로젝트 조직도 및 R&R

꿀팁 더하기

- 자신만의 기준이 명확하고, 쉽게 원하는 파일을 찾을 수 있도록 폴더를 구성하면 어떻게 구성하든 상관없습니다. 폴더를 만들기 전, 다른 팀원들에게 물어보고 참고하는 것도 좋습니다.
- 단, 폴더를 3단계 이상 구성하지 않는 것이 좋습니다. 원하는 파일을 쉽게 찾기 어려울 수 있기 때문입니다.
- 한 번에 몰아서 정리하는 것이 아니라, 바로 해당 폴더를 구성한 후 파일을 넣는 것이 좋습니다. 나중에 업무가 몰리면 그때 봤던 메일도 찾기 힘들기 때문입니다.

03 자동차, 회의실 등에서 위치 파악하기

　회사생활을 하다 보면, 상사들과 차를 함께 타고 출장을 가는 일도 발생합니다. 보통 신입사원은 차가 없기에 회사 차를 타거나 다른 분들의 차를 얻어 타게 됩니다. 최근에는 여러 경우에 따라 자리의 우선순위를 따지는 경우가 줄어든 것은 사실입니다. 그러나 아직까지도 이러한 부분을 중요하게 여기는 분들이 많고, 관련하여 알아둔다면 추후 센스 있는 신입사원이 될 수 있기 때문에 이 부분까지 비즈니스 매너로 익혀두는 것을 추천합니다. 제일 높은 분이 직접 운전할 때, 좌석은 어디에 앉아야 하는지 등에 대해 항상 궁금했을 텐데 자세히 알려주겠습니다.

　이와 비슷하게 엘리베이터를 같이 타거나 회의실에서 함께 미팅할 때 자리는 어떻게 해야 할까요? 한 번 제대로 알아둔다면 두고두고 써먹을 수 있을 것입니다.

"(제대로 알고 있네?) 편한 곳에 앉아도 돼, 김꿀팁 님"과 "(아, 요즘 신입사원은…) 편한 곳에 앉아도 돼, 김꿀팁 님"은 엄연히 다르다는 것을 기억해주기 바랍니다.

자동차에서 위치 파악하기

제일 높은 분이 직접 운전할 때

보통 타고 내리기 편리한 조수석 뒷자리가 최상석입니다. 그러나 제일 높은 분이 직접 운전할 때는 조수석이 최상석이고, 나머지 순서는 아래 사진과 같이 따르면 됩니다.

다른 사람이 운전할 때

조수석 뒷자리가 최상석이며, 사진과 같이 순서대로 앉으면 됩니다. 최상석을 지키는 것이 보통이고, 나머지 자리는 직급순으로 편한 자리에 앉기도 합니다.

엘리베이터에서 위치 파악하기

엘리베이터 내 위치 파악

팀원들과 함께 미팅에 참여하거나, 다른 유관 부서 담당자들과 자리를 이동할 때 등 함께 엘리베이터를 타는 경우도 잦습니다. 엘리베이터 안이든 회의실 안이든 항상 기억해야 할 기준은 '제일 높은 분이 출입구에서 가장 먼 곳'입니다.

엘리베이터 안에서는 아래 사진과 같이 문을 바라보고 섰을 때, 조작 버튼의 대각선 안쪽이 상석입니다. 나머지 순서도 참고로 기억해두면 좋습니다. 단, 안에 사람이 많이 타서 바글바글한 경우에는 그냥 타도 무방합니다.

꿀팁 더하기

- 엘리베이터가 도착하면 밖에서 열림 버튼을 누르면서 상급자분이 먼저 타도록 하고, 반대로 내릴 때는 엘리베이터 안쪽에서 열림 버튼을 누르면서 먼저 내리도록 하는 것이 좋습니다.

회의실에서 위치 파악하기

회의실 내 위치 파악

여러 종류의 회의실이 있겠지만, 상석을 판단하는 기준은 '출입구에서 멀고, 벽을 등지고 앉을 수 있는 곳'입니다. 반대로 출입구와 가까울수록 말석이 되겠죠? 다음 사진을 참고해서 앉을 수 있도록 합니다. 보통 최상석만 지키고 나머지 자리는 편하게 앉습니다.

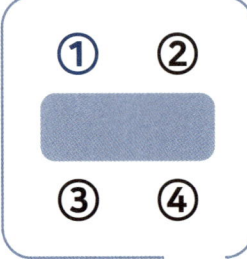
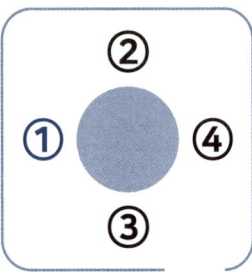

04 품의서 등 결재 상신하기

처음 신입사원일 때는 결재를 직접 올리는 경우는 거의 없고, 결재선 내 참조인 또는 수신인으로 넣어주거나 기존 결재를 득한 내용을 받아보는 것이 일반적입니다. 최근에는 대부분 온라인으로 결재를 상신하기도 하나, 간혹 오프라인 결재를 받을 경우도 있으므로 나누어서 설명하겠습니다.

품의서에도 여러 종류가 있으나 신입사원의 경우 다양한 품의서를 올릴 기회가 당연히 적고, 여러 정보를 안내할 경우 헷갈리기 쉽기 때문에 대표 예시 하나를 기준으로 자세히 설명하겠습니다.

품의서 상신하기

온라인으로 품의서 상신하기

품의서는 온라인 시스템을 통해서 상신하는 경우가 대부분입니다(관련 시스템이 없는 경우는 제외).

① 결재 라인

결재 라인 내 넣을 수 있는 항목은 다음과 같습니다. 이에 대한 이해와 함께 이전 결재를 득한 품의서 내 결재 라인을 참고하거나, 결재 라인 초안 설정 후 확인을 받은 후 품의서를 상신합니다.

- 기안: 품의를 상신한 사람
- 조정: 품의 내용에 대해 조정하는 사람(경우에 따라 다르지만 보통 파트장)
- 합의: 해당 품의에 대해 합의가 필요한 담당자(보통 유관 부서의 부서장을 넣는 경우가 많음)
- 결재: 해당 품의에 대해 최종 결재를 하는 담당자(보통 소속 팀의 팀장)
- 참조: 해당 품의서를 참고할 담당자(말 그대로 참고만 하는 사람이며, 결재 권한이나 수정 권한 등은 없음)

- 수신: 결재 완료 후, 참고를 위해 품의서 내용을 받아볼 담당자(참조는 결재 완료가 되기까지 모든 과정을 확인할 수 있는 반면, 수신은 최종 결재가 끝난 후 확인 가능)

② 제목

품의 내용을 한눈에 알아보기 쉽도록 작성합니다. 결재를 득한 품의의 경우도 이메일과 마찬가지로 추후에 찾게 되는 경우가 잦습니다. 물론 내용 검색을 통해서도 찾을 수는 있지만, 최대한 체계적으로 제목을 작성하여 쉽게 찾을 수 있도록 만드는 것이 좋습니다. 과거의 나를 욕하고 싶은 경우가 발생하는 것을 원하지 않는다면 말이죠.

예) • 외부 전문가(자재 구매 프로세스) 초청 세미나(7/10) 결재의 건
 • 말레이시아 PJT 출장(4/10~4/15) 보고의 건
 • 남산 PJT 토목공사 집행 품의(투자코드: A11111223)

③ 내용

품의서의 종류에 따라 다르지만 보통 다음 예시와 같이 구성됩니다. 품의서의 성격에 따라 항목은 적당히 가감하면 되며, 간결하되 체계적으로 작성하는 것이 좋습니다.

결재선	• 기안: 김꿀팁 님(시공팀) • 참조: 박허니 님(시공팀), 박양봉님(시공팀) • 조정: 곽꿀벌 님(파트장, 시공팀) • 합의: 이구매 님(팀장, 구매팀) • 합의: 구설계 님(팀장, 설계팀) • 합의: 최재무 님(팀장, 재무팀) • 결재: 정시공 님(팀장, 시공팀)
제목	[남산 PJT] 철골 제작 및 시공 업체 계약 실행 품의
내용	1. 공사개요 　(1) 공사명: 남산 LNG Tank 증설 프로젝트 　(2) 공사 기간: 2022.08.31~2022.12.20 　(3) 공사 규모: 45.3억 원 2. 해당 공사 내역 　(1) 해당 공사: 철골제작 및 시공 　(2) 기결재 득한 투자비: 12.3억 원 3. 업체 검토 결과: 　3개 업체 검토 결과, '꿀벌 산업' 업체가 우선 협상 업체 선정 4. 계약 담당자 및 검토 의견: 　품질, 안전 수준 모두 검증하였으며 우선 협상 후 계약 진행 5. 예산 대책: A21112111
첨부파일	첨부1. 입찰 내역서(총 3개 업체)_철골 제작 및 시공 첨부2. 각 업체 정보 Summary Chart_220610
첨부문서	[남산 PJT] 철골 제작 및 시공 업체 계약 사전 품의

④ 첨부파일과 첨부 문서

품의서 내용에서 언급한 첨부파일을 순서에 맞게 첨부하면 됩니다. 첨부 문서는 이 품의서를 읽을 때 참고해야 하는 문서를 첨부하는 것입니다.

예를 들어, 투자 집행 품의면 전에 결재받은 '투자 계획' 문서를 첨부하면 됩니다. 또 다른 예로 출장 보고면 전에 결재받은 '출장 사전 보고' 문서를 첨부하면 됩니다.

꿀팁 더하기

- 자체적으로 판단하는 것이 아닌 상사에게 물어보거나, 기존 품의서를 공람 받아서 이를 바이블로 하여 수정, 상신하는 것이 좋습니다.
- 품의서는 여러 상급자가 보는 문서이며, 두고두고 기준 문서로 사용될 수 있으므로 스토리 라인은 괜찮은지, 내용은 제대로 담고 있는지, 결재 라인은 맞는지 등을 꼼꼼하게 확인합니다.
- 보통 '결재 라인'에 대한 기준 문서가 있으니 상신 전 확인하는 것이 좋습니다. 품의서 역시 임시 저장한 다음, 인쇄 후 피드백을 받는 것이 좋습니다.

오프라인으로 품의서 결재받기

간혹 오프라인으로 품의서 결재를 받아야 하는 경우가 있습니다. 또는 기업 문화나 자체 시스템 보유 여부 등에 따라 오프라인 품의서 결재를 주로 활용하는 기업도 있습니다. 프린트를 한 후, 출력물만 달랑 들고 가서 "결재 부탁드립니다"라고 하는 경우가 많은데요, 품의서 결재를 받을 때에도 비즈니스 매너가 필요합니다.

앞서 말한 온라인 품의서 결재를 받을 때와 마찬가지로 사수에게 확인받은 후, 프린트를 할 수 있도록 합니다.

① 결재 라인

결재 라인에 맞게 도장을 찍거나 이러한 결재 라인 표가 포함된 파일 자체로 프린트를 합니다.

결재	담 당	팀 장	부서장	사 장

② 제목

오프라인 결재 문서는 보통 제목이 따로 없는 경우가 대다수입니다.

③ 내용

결재를 받고자 하는 내용을 온라인 상신하기 내 예시와 같이 체계적으로 정리합니다.

④ 첨부 문서

합의자, 결재자 입장에서 결재를 위해 꼭 필요하거나 도움이 될 수 있는 문서를 추가 프린트하여 각각 바인딩(Binding)합니다.

⑤ 결재판

프린트한 결과물만 들고 가는 것이 아니라, 결재판에 넣은 후 노트, 펜과 함께 찾아뵙습니다(피드백을 메모하기 위함).

 꿀팁 더하기

- 결재자가 먼저 책상에 두고 가라고 말하지 않은 이상, 얼굴을 직접 보고 결재받는 것이 좋습니다.
- 월말 등 결재 서류가 몰리는 시즌은 피하고, 최대한 그 전에 결재를 받는 것이 좋습니다.

05 업무 전화 깔끔하게 받기

　전화는 어렸을 적부터 많이 접하기도 하고, 다들 휴대폰을 통해 전화를 많이 해왔기 때문에 사수 또는 멘토들이 '아, 신입사원이 전화 정도는 잘 받겠지'라고 생각하면서 따로 가르쳐주지 않는 경우가 대다수입니다.

　그러나 실제로 제가 인턴사원으로 한 번, 신입사원으로 두 번 경험해본 결과, 일반적인 전화와 '업무 전화'는 매우 다르고 학습해야 하는 부분이 많았습니다. 가장 큰 문제는 기본적인 부분이라 물어보기도 민망하다는 것입니다. 게다가 버벅이는 내 모습이 간혹 불쌍해 보이기도 하고, 돌아오는 상대방의 한숨에 망연자실해집니다. 지금부터 간단하지만 꼭 필요한 업무 전화 깔끔하게 받는 방법에 대해 자세히 알려주겠습니다.

업무 전화 받기의 기본

인사말

밝은 말투로 간단한 인사와 함께 소속과 이름을 먼저 밝힙니다.

"안녕하십니까, ○○팀 김비지입니다."

재확인이 필요할 때 *소통 오류로 인해 시간 낭비를 하지 않도록 재확인은 필수!*

서로 이해한 부분을 재확인해야 쓸데없는 일을 하는 경우가 발생하지 않습니다. 아래와 같이 다시 한번 확인하며 상대방이 원하는 것을 명확하게 확인합니다.

"지난 4월 1일 미팅 때 말씀하셨던 구매 품의 자료 요청하시는 부분 맞으실까요?"

"지난 5월 철골 구매 관련하여 계약을 맺은 업체 중 ○○기업의 계약서 원본을 요청하시는 부분이 맞으실까요?"

업무 내용과 일정 확인

전화를 거는 경우 보통 업무적인 요청을 하는 경우가 대다수입니다. 그렇기 때문에 정확한 업무 내용과 함께 기한을 확인하는 것이 좋습니다. 내용이 너무 복잡하거나 체계적인 확인이 필요할 경우, 전화로 확인한 후 관련 내용을 메일로 정리하여 발송하되 공손하게 요청드리는 것이 좋습니다.

"요청하신 프로젝트 일정 파일 관련하여 언제까지 드리면 업무를 수행하는 데 지장이 없을까요?"

"말씀하신 요청사항에 대해 전부 확인했습니다. 바쁘시겠지만 요청하신 부분 하나씩 챙겨드리기 위해 방금 말씀하신 부분 메일로도 발송해줄 수 있을까요?"

바로 확인이 불가능할 때
모든 질문과 요청에 대한 답을 다 할 수는 없으니 당황 금지

신입사원의 경우 팀 내 모든 업무에 대해 명확하게 파악하고 있기가 쉽지 않습니다. 이러한 부분에 대해 상대방도 잘 이해하고 있기에, 당황하거나 모든 요청사항을 전화를 통해 즉시 답변을 해야 한다는 부담감을 줄이는 것이 좋습니다. 대신, 다음과 같이 솔직하게, 확인 후 다시 연락드린다고 말씀드리는 것이 좋습니다.

"관련하여 확인이 필요한 사항으로 보이는데 확인 후 전화를 드리거나 메일로 말씀드려도 될까요?"

전화 건 사람 확인이 필요할 때

전화를 거는 상대방은 초반에 소속과 이름을 밝히기에 전화 마무리 단계에서는 이를 잊어버리기 쉽습니다. 또는 바로 본론부터 말하는 경우도 잦기 때문에 요청받은 자료를 메일 등을 통해 보내거나 회신해야 할 경우가 생길 때에는 전화를 걸어온 상대방을 확인해야 합니다.

"말씀하신 파일을 메일을 통해 송부드리려고 하는데, 혹시 소속팀과 성함을 여쭤봐도 실례가 아닐까요?"

마무리

전화를 마무리하는 방법은 어렵지 않습니다. 밝은 목소리를 유지하며 '감사하다'는 말로 마무리하는 것이 좋습니다. 단, 상대방이 끊은 것을 확인한 후, 수화기를 내려놓는 것을 꼭 기억해주시기를 바랍니다.

"네네. 확인 후, 다시 연락드리도록 하겠습니다. 감사합니다."

"네, 알겠습니다. 말씀하신 기한 내 자료 작성 후 송부드리겠습니다. 감사합니다."

꿀팁 더하기

- 무의식 중에 "아… 어… 음…" 등의 불필요한 말을 하지 않도록 합니다.
- 전화를 통해 바로 확인 등이 불가능한 부분은 양해를 구한 뒤, 확인하는 즉시 전화 또는 메일을 통해 연락드려도 괜찮습니다(부담감 갖지 않기).

- 업무 지식을 습득하는 과정 중인 인턴 또는 신입사원이기 때문에 모르는 부분은 솔직하게 말씀드리는 것이 아는 척하는 것보다 훨씬 낫습니다.
- 의욕이 앞서 상대방의 말을 끊거나 빨리 답변하는 것이 아닌 경청한 뒤, 천천히 말씀드리면 더 좋은 신입사원이 될 수 있습니다.

전화 당겨 받기

인사말

담당자가 자리에 없거나 여러 번 전화벨 소리가 울려도 받지 않을 때에는 센스 있게 당겨 받는 것이 좋습니다.

"대신 받았습니다, ○○팀 김비지입니다."

자리에 없다고 대답할 때

부재중인 이유를 안다면 함께 전달하고, 메모를 남길 것인지 물어봅니다.

"지금 박꿀팁 과장님께서 자리를 비우셨는데 혹시 메모 남겨드릴까요?"

"(이유를 알 때) 오전 9시에 최꿀벌 부장님께서 시공 담당자 미팅에 들어가신 후, 복귀 전인데 오후에 다시 연락해 주시겠어요? 아니면 메모 남겨드릴까요?"

"(이유를 모를 때) 잠깐 어디 가신 거 같은데 급하시면 핸드폰으로 연락해보시겠어요?"

모르는 사항에 대해 물어볼 때

전화를 당겨 받았을 때, 당겨 받은 부분에 대해 언급한 후 통화를 시작했기 때문에 상대방도 이러한 부분에 대해 인지하고 있습니다. 그렇기 때문에 모르는 사항에 대해 질문을 받았을 때는 솔직하게 말씀드려도 됩니다.

"제가 담당이 아닌 부분이라 안내해 드리기 어려운데 혹시 관련 담당자를 연결해 드려도 괜찮으실까요?"

꿀팁 더하기

- 늦게 당겨 받았을 때, "늦게 받아서 죄송합니다"라고 앞에 더해주면 좋습니다(실제 죄송하지 않아도 말이죠).
- 상대방이 메모 요청을 하면, 즉시 포스트잇 등에 작성 후 담당자 책상 위에 붙입니다(다른 업무로 인해 잊기 쉽습니다).
- (당겨 받는 중 담당자가 자리에 올 경우) "지금 막 오셨습니다. 바꿔드리겠습니다"라고 말씀드린 후 바꿔드립니다.
- 유관 부서의 조직도(담당자 유선 번호 포함)와 함께 소속 팀의 조직도를 프린트한 후 책상이나 파티션 등에 붙여 놓으면 센스 가득한 신입사원이 될 수 있습니다(실제 필요한 경우도 다수 있어요).

06 업무 회의 완벽하게 끝내기

"많은 것을 배우고 싶은데 하루를 회의로 시작해서 회의로 끝나는 경우가 많아요."

"회의에 참여하기 전, 후 신입사원으로서 해야 할 부분이 있는 거 같은데 자꾸 놓치는 거 같아요."

"회의록을 작성해야 하는데 어떤 내용이 들어가야 하는지 모르겠고, 알려주는 사람도 없어요."

"회의실 예약, 회의 사전공지 이메일 등 회의와 관련된 모든 것을 체계적으로 알고 싶어요."

위와 같은 고민으로 '회의'라는 단어만 들어도 두려움을 느끼는 신입사원이 많을 거로 생각합니다. 이메일과 함께 회의는 회사원과 떼려야 뗄 수 없는 숙명입니다. 주간, 월간 회의에 외부 담당자와의 회의 등등….

"이따 회의 같이 들어가자"라고 말씀하셔서 함께 회의에 참석하기는 하는데 다들 무슨 얘기를 하는지 모르겠고, 뭔가 챙겨야 하는 것 같은데 눈치만 보이는 상황, 다들 겪어본 적이 있을 것으로 생각합니다. 의사 결정, 보고 등을 위해 회사생활은 회의의 연속일 수밖에 없습니다. 그렇기에 이러한 회의는 매우 중요하며, 회의에 대한 예약부터 종료 후 정리까지 전체 프로세스와 꿀팁 등에 대해 자세히 안내하겠습니다.

회의란?

'회의'의 사전적 의미는 '여럿이 모여 의논함 또는 그런 모임'이며 말 그대로 다 같이 모여 하나 또는 여러 개의 주제로 의논하는 것입니다.

회사 내에서 업무를 수행하거나 하나의 프로젝트를 진행하기 위해서는 단계별로 수많은 의사 결정이 필요합니다. 또는 실행 전 보고, 중간보고, 결과보고 등의 보고나 아이데이션(Ideation, 아이디어를 얻기 위해 행하는 모든 활동)을 통해 창의적인 아이디어를 얻는 것이 필요하기 때문에 회사원은 많게는 하루에도 4~5개의 회의가 있을 정도로, 회의와 밀접한 관계에 있습니다.

회의의 종류

보고

(수평적인 조직을 지향한다고 하더라도) 보통 상사에게 결과나 진행 상황 등에 대한 보고는 필수적입니다. 그렇기에 업무(또는 프로젝트) 실행 전 보고, 중간보고, 결과보고 등의 '보고'가 회의의 종류 중 하나입니다.

의사 결정

모든 회사 업무는 기한이 정해져 있기 때문에 빠른 의사 결정을 통해 업무가 진행되도록 만드는 것이 중요합니다. 예상하지 못한 어려움을 마주했거나, 다음 업무 진행을 위해 의사 결정이 필요할 때 회의를 소집 및 진행합니다. 해당하는 예로는 '준공 승인 지연 Catch-up 방안 논의', '○○ 프로젝트 시공사 선정 방안 논의' 등이 있습니다.

아이데이션(Ideation)

하나의 주제를 바탕으로 관련 구성원이 모여서 좋은 아이디어를 가감 없이 제안하고 가장 좋은 1~2개의 아이디어를 찾아가는 회의의 종류입니다. 그 예로는 '디지털 마케팅 강화 방안 협의', '인사제도 개선을 위한 임직원 의견 수렴' 등이 있을 수 있습니다.

회의는 언제?

Daily(일별), Weekly(주별), Monthly(월별) 등 주기적으로 진행하는 회의가 있고, 또는 필요할 때마다 수시로 진행할 수도 있습니다. 모든 회의를 개인 일정을 관리하는 툴(Tool)에 적어두어 잊지 않게 챙길 수 있도록 합니다.

회의의 필수요소

효율성

첨부파일 사전 송부, 회의 사전 준비 등을 통해 정해진 회의 시간의 효율성을 극대화할 수 있도록 합니다.

간결성

정해진 시간 내에 끝낼 수 있도록 하고, 회의를 진행하며 사전 협의한 주제(또는 어젠다)와 맞지 않게 나아갈 경우 진행자(추후 내가 될 가능성도 있으니 미리 잘 살펴두기)가 잘 조율하여 회의를 간결하게 마칠 수 있도록 노력하는 것이 중요합니다.

목적성

회의를 시작할 때, 주제(또는 어젠다)와 목적에 대해 명확히 하고, 회의를 종료할 때 얻은 결과를 정리하여 공유합니다. 또한 회의록을 통해 향후 수행해야 하는 업무 리스트와 해당 팀(또는 담당자) 등을 명시하여 원하는 업무 결과를 얻을 수 있도록 합니다.

회의에 대한 모든 꿀팁

■ 회의 일정이 잡힌 직후

참석 인원 사전 확인

"어떤 분이 이 회의에 들어와야 할까요?"라고 단순히 묻는 것은 다소 좋은 질문이 아닙니다. 아직 유관 부서 담당자를 잘 모르는 상태이지만 최대한 과거 이메일을 살펴보며 '참석자 List'를 정리한 후 사수 또는 팀장에게 확인을 받는 것이 조금 더 적극적이고 발전된 신입사원의 모습을 보여줄 수 있다고 생각합니다.

참석 인원 중 외부인의 참석이 계획되어 있는 경우 차량, 전자기기(노트북, 태블릿 PC) 등에 대한 정보를 요청한 후 사전에 등록할 수 있도록 합니다. 미리 등록하지 않는다면 회의를 정시에 시작할 수 없고 허둥지둥하기 마련입니다. 사전 등록 후, 해당일 20~30분 전까지 로비에 방문하도록 요청하고, 회의 전에 인솔하여 회의실로 안내합니다.

장소 확인 및 예약

회의에 참석하는 인원을 확인한 다음, 장소를 검토한 후 예약

해야 합니다. 단순히 사내 예약 시스템을 통해 [인원, 시설, 위치] 등을 확인하는 것은 추천하지 않습니다. 가보지 않았던 장소라면 직접 가봐야 합니다. 당일에 허둥지둥 찾아가며 지각하거나 화상회의를 연결해야 하는데 해당 설비가 없는 회의실을 마주하는 끔찍함을 겪으면 안 되니까요.

유비무환, 필요한 설비(예: 빔프로젝터, 화상회의를 위한 장비, 마이크, 화이트보드 등)가 있는지 확인이 필요합니다. 간혹 보수 중이거나 임시로 T/F(Task Force) 팀 등이 사용하는 경우가 있을 수 있으므로(시스템에는 반영되지 않은 상태) 사전 확인이 필수입니다.

메일을 통한 공지

사전에 메일을 통해 다음과 같이 회의에 대해 공지를 합니다. 메일 내용에는 [회의 주제, 일정, 참석자, 장소, 어젠다(Agenda, 안건), 첨부파일(필요시)] 등의 내용이 필수적으로 들어가야 합니다.

메일을 통한 첫 공지 시점과 실제 회의 시점 사이에 시간 차가 다소 있을 경우(3~4일 이상) 리마인드 메일을 보내는 것이 좋습니다.

예) 3일 전 - '대구경 배관 구매 관련 회의 안내의 건(6/3 오후 3시)'

하루 전 - '[Remind] 대구경 배관 구매 관련 회의 안내의 건(6/3 오후 3시)'

또한 당일 팀 내 아침 소회의(Smart Meeting 등)에서 회의 일정에 대해 사전 공유해 드리고, 팀 내 필수 참석 대상자들에게 다시 한번 안내해 드리며 센스 있는 신입사원으로 거듭나는 것은 어떨까요?

팀 내 일정 반영

소속된 팀 내에서 일정을 관리하고 있는 툴(Tool)에 해당 회의 일정을 반영합니다. 더 나아가 책상 위 개인 탁상 캘린더 등에도 수기로 기입하여 잊지 않도록 관리하는 것이 좋습니다.

사전 스터디

- 처음 진행하는 회의인 경우

신입사원은 배우는 입장이기는 하지만 사전 스터디 후 회의에 참석하는 것과 그렇지 않은 것은 큰 차이가 있습니다. 작게는 관련 업무 용어를 익힐 수 있고, 크게는 프로젝트(또는 업무)의 프로세스, 진행 경과 등에 대한 이해도를 높일 수 있다고 생각합니다. 팀 내 공용 폴더나 사전 공유받은 자료 등이 없다면, 팀 내 담당자에게 '사전 스터디'라는 목적을 말씀드리며 자료를 요청드리는 것은 어떨까요? 기쁜 마음으로 공유해주실 겁니다.

- 처음 진행하는 회의가 아닌 경우

직전까지 진행한 회의의 회의록을 확인하며 내용을 명확히 파악하고, 관련 자료와 함께 사전 스터디를 통해 같은 수준으로 끌어올릴 수 있도록 합니다.

회의록 양식 확인

회의 직전에 허둥지둥 회의록 양식을 찾는 것보다는 사전에 팀 내 공통으로 사용하는 회의록 양식을 찾는 것이 좋습니다. 물론 Word, Excel 등 문서양식에 상관없이 신입사원이 직접 회의록을 작성한다면 내용에 상관없이 그 사실 하나만으로 다들 좋게 볼 테지만, 공통으로 사용하는 양식을 바탕으로 작성 후 공유한다면 구성원과 유관 부서 담당자들이 더욱 쉽게 이해할 수 있을 것입니다.

자료 만들기

팀에 배치받자마자 관련 자료를 만들도록 부탁하는 상사는 없겠지만 대부분의 회의에서는 자료를 보며 논의하는 경우가 많습니다. 이러한 자료는 미리 담당자들이 숙지할 수 있도록 사전에 메일을 통해 공유하는 것이 일반적입니다. 그렇기에 신입사원이라고 수동적으로 손을 놓고 있는 것이 아닌, 평소 자료를 만드는 사수나 상사에게 물어보며 '질 좋은' 자료를 만드는 방법 등에 대해 배우는 것이 필요합니다.

해당일 회의 직전

회의실 사전 확인

최소 10분 전, 회의실에 미리 가서 모니터, 빔프로젝터 등을 확인하고 세팅합니다. 또한 유인물 배포와 함께 준비한 음료가 있는 경우 각 자리마다 올려두도록 합니다. 사전에 이전 회의 참석자가 아직 있을 경우, 조심스레 양해를 구하며 본인이 예약한 시간이 다가왔음을 사전 안내합니다.

유인물 준비

회의에 사용할 자료가 있을 때, 회의를 오전 일찍 시작한다면 전날 퇴근 전에 프린트하는 것이 좋습니다. 당일에는 팀원 또는 타 팀의 팀원들이 프린터를 사용하느라 원할 때 사용이 불가능할 수 있기 때문입니다. 많은 부수의 프린트물을 준비하는 것은 시간이 꽤 많이 소요됩니다.

본부장 등 높은 분들에게 보고드리는 회의가 아닌 이상 흑백, 한 장에 두 쪽 모아찍기(양면)를 주로 많이 합니다(용지 낭비 방지). 단, 외부인에게 전달할 회사소개 등의 자료인 경우 컬러로 한 장씩(단면) 프린트하는 것이 좋고, 이에 대한 감이 아직 없다면 사수 등에게 조심스럽게 물어보고 프린트하는 것을 추천합니다.

프린트양이 얼마 되지 않는다면 클립이나 스테이플러로 좌측 상단을 고정합니다. 양이 많은 경우라면 집게 등을 이용합니다. 외부인과의 미팅일 경우 클리어 파일에 유인물을 넣어서 전달하면 더 매너 있는 모습을 보일 수 있습니다.

음료 준비 확인

보통 음료나 다과 등을 준비하지 않는 것이 일반적입니다. 그러나 담당자 보고 회의나 외부 담당자를 처음 대면하는 회의일 경우 이러한 준비가 필요할 수 있으니, 사전에 상사에게 확인한 후 센스 있게 미리 준비하도록 합니다.

카페에서 음료를 구입한다면, 커피를 마시지 못하는 분도 분명히 있을 수 있으므로 커피 종류 절반, 티 종류 절반으로 구입하는 것을 추천합니다.

비즈니스 매너 지키기

메신저는 로그아웃 또는 방해금지 모드로 바꿉니다. 예상치 않게 내 노트북을 연결하여 스크린에 띄우는 경우가 발생할 수 있습니다(우측 하단에 친한 동기의 메시지 알림이 올라오면 서로 곤란해집니다).

명함 준비

외부에서 오는 손님이 있을 경우, 사전에 명함을 준비해야 합니다. 낱장으로 하의 주머니 등에 꼬깃꼬깃 넣는 것이 아니라, 명함집 등에 넣은 후 재킷 안주머니 등에 넣어두도록 합니다.

필기도구 준비

노트북을 연결하여 진행하는 경우가 많기 때문에 따로 노트나 펜 등을 준비합니다. 물론 보조 모니터처럼 연결한 TV를 사용하며 Excel 등의 다른 프로그램에 메모할 수 있지만 다소 집중력이 흐트러지는 모습을 보여줄 수 있기 때문입니다.

■ 회의 중

비즈니스 매너

급한 전화는 회의실 밖에서 짧게 받고 자리로 복귀할 수 있도록 합니다. 또한 회의 중에는 업무라고 하더라도 다른 메일을 읽거나 개인적인 다른 업무를 수행하지 않고, 계속해서 집중하는 모습을 보여주는 것이 중요합니다.

회의록 작성

회의에서 당사자들이 나누는 모든 얘기를 적는 것이 아닌, 중요한 부분만 추려서 체계적으로 적을 수 있도록 합니다. 회의 중에는 회의록을 위한 '데이터 가공'까지 하는 것이 아닌, 우선 있는 그대로 적어야 합니다(회의 흐름을 따라가기 위해). 회의가 종료된 후, 사전에 확인했던 회의록 양식에 맞게 정리하여 기입할 수 있도록 합니다.

보통 회의 때 처음 들어보는 업무 용어가 많이 나오기 쉬운데, 이해한 척하는 것이 아니라 그 단어를 적어둔 후 질문하거나 찾아보고 꼭 이해할 수 있도록 노력할 것을 강조하고 싶습니다. 또한 참석한 분들의 이름을 모르는 경우 처음에 인사는 다 하되, 회의 종료 후 사수 등에게 물어보는 것이 매너입니다.

녹음

신입사원의 경우 회의 사전 준비부터 회의 중 여러 요소를 신경 쓰느라 회의록을 제대로 쓰지 못하는 경우가 잦습니다. 그렇기에 회의 전체 내용을 녹음한 다음 회의록을 작성할 때 유용하게 쓸 수 있도록 합니다.

■ 회의 종료 후

회의실 정리 정돈

회의가 끝났다고 즉시 자리를 뜨는 것이 아니라 모든 분들이 나간 다음, 쓰레기를 버리고 빔프로젝터 등을 끄는 등 사용하기 전과 같은 상태로 정리 정돈을 합니다.

회의록 작성 및 피드백 받기

다음과 같은 예시를 참고하여 회의록을 작성합니다. 작성한 후, 사수 또는 팀장에게 피드백을 받는 것은 매우 중요합니다. 내가 잘못 이해한 내용이 있을 수 있고, 다소 강한 표현으로 인해 타 부서의 오해를 사거나 곤란한 상황을 만들 수도 있기 때문입니다.

피드백을 받은 후 회의록에 수정, 반영하여 참석인 및 관련 담당자(해당 업무 진행 상황 등을 알아야 하는)에게 공유할 수 있도록 합니다. 당일 내 공유하는 것이 제일 좋고, 불가능하다면 최대 D+1까지 공유할 수 있도록 합니다.

자료의 체계적인 정리 및 나만의 것으로 만들기

회의록 작성 후, 이를 공유했다고 업무가 끝나는 것이 아닙니다. 업무는 연속성이 있기 때문에, 관련 자료를 나만의 파일로 체계적으로 정리한 후 학습하여 언제든지 꺼내 쓸 수 있는 업무 지식으로 만들 수 있도록 합니다.

F/Up(Follow-up) 및 보고하기

혹여 다른 업무나 연차 등의 사유로 인해 사수, 팀장 등이 참석하지 못한 경우 '알아서 이메일을 보시겠지?'라고 생각하기보다는 간략하게 정리하여 보고할 수 있도록 합니다.

지금까지 설명한 회의에 대한 모든 것을 숙지한 다음, 하나씩 적용해 나간다면 신입사원으로서 한 단계 더 성장할 수 있을 거라 확신합니다. 회사 업무에 익숙해질수록 회의에도 소홀해지기 쉬운데 같은 긴장감을 유지하며 회의를 통해 기대 이상의 성과를 얻을 수 있도록 노력하는 것을 마지막으로 강조하고 싶습니다.

01 상사/동료와의 관계

    회사는 업무를 수행하는 장소이고, 필연적으로 상사, 동료 등과 출근부터 퇴근 때까지 얼굴을 마주해야 합니다. 나와 결이 맞는 친한 친구와도 간혹 갈등이 발생하기에, 다양한 사람들이 모여있는 회사에서 갈등은 피할 수 없는 필연적인 것입니다. 우선은 이러한 갈등이 발생하지 않도록 최대한 유연한 관계를 유지하는 것이 중요합니다. 신입사원은 업무를 배우고 도움을 받는 입장이기 때문에 아무리 내 의견이 옳고, 객관적으로 살펴봐도 합리적일지언정 회사 내 성장에서는 갈등이 큰 장애물로 다가오기 때문입니다.

    그렇다면 유연한 관계는 어떻게 만들고 노력해야 할까요? 저 역시 처음에는 함께하거나, 함께하지 않아도 업무를 수행하는 모든 구성원에게 좋은 평가를 받기 위해 노력하며 오버 페이스를 했던 것이 사실입니다. 그러나 돌이켜 봤을 때 헛된 노력이었다고 생각합니다. 가장 중요한 것은 예의 있게 어느 정도 수준의 인간관계만 유지하면 됩니다. 업무적인 성과는 기대를 넘기 위해 노력하는 것이 좋지만, 좋은 인간관계를 유지하기 위해 회식에 억지로 참석하거나 점심시간에 억지로 시간을 함께하려 애쓰거나 할 필요가 전혀 없습니다. 또한 '동기가 최고'라는 생각을 강요받으며 나와 맞지 않는 동료에게 감정 소모할 필요도 없습니다.

즉, 개인적으로 추천하고 싶은 방향은, 업무적으로 좋은 유대관계는 유지하되 개인적인 친분은 나와 결이 맞는 사람과 쌓는 것입니다. 또한 소문에 휘둘리거나 인스턴트 관계를 추구하는 것이 아닌, 나에게 잘해주는 사람에게 온전히 집중하는 것 역시 하나의 방향이 될 수 있습니다. 억지로 나와 맞지 않는 인간관계를 추구하거나 다소 벅찬 노력을 기울이는 것은 금세 바닥이 드러나기 마련입니다. 이러한 방향으로 억지로 힘쓰며 스트레스를 받지 않았으면 좋겠고, 최소한의 업무적 유대관계만 유지하며 올바른 회사생활, 슬기로운 회사생활을 유지하는 것을 추천합니다.

단, 항상 예의를 갖추고 배우고자 하는 자세를 유지하는 것이 중요합니다. 아무리 솔직함을 무기로 한 MZ세대가 최근 입사하고 있지만, 솔직함과 예의를 갖추는 것은 다릅니다. 상사의 지시를 받으면 기대 이상의 결과를 창출하지는 못해도 어떻게든 성과를 만들기 위해 노력해야 합니다. 더불어 팀원, 동료, 구성원들의 조언을 새겨듣고 당장 변하지는 못해도 점진적으로 성장하기 위한 노력을 기울인다면 좋은 유대관계를 충분히 유지할 수 있을 것이라 생각합니다.

02 갈등 해결 노하우

이러한 노력에도 불구하고 회사 내 인간관계에서 필연적으로 갈등을 마주하기 마련입니다. 또는 업무를 수행하면서 의견 차이에서 발생하는 갈등도 다수 있을 수 있습니다. 회사에서 조금 성장한 후의 갈등은 소통과 대화, 협의 등을 통해 잘 해결한다면 업무의 성과를 높이는 데 기여할 수 있습니다. 그러나 신입사원의 경우 친한 동기와의 갈등을 제외한다면 모든 갈등은 성장을 저해하는 요소라고 확신합니다. 특히 배울 수 있는 기회가 줄어들고, 좋지 못한 첫인상을 부여할 수 있습니다. 그렇기 때문에 상사 또는 동료들과 갈등이 발생했을 때, 다음과 같은 방법을 통해 즉시 해결하는 것이 좋습니다.

우선, 돌아보며 갈등이 발생한 원인 등을 확인해야 합니다. 업무 지시사항을 성실하게 이행하지는 않았는지, 같은 실수를 여러 번 반복한 것은 아닌지, 근태가 불성실한 것은 아닌지, 보고 누락이나 자체적인 판단으로 업무를 수행한 것은 아닌지 등을 말입니다. 특히, 신입사원의 경우 여러 번 설명한 것과 같이 자체적인 판단이 아닌 의사 결정을 받아야 하는 입장입니다. 또한 아직 전문성이나 인사이트 등이 부족하기 때문에 자체적인 판단이나 결정은 지양하고, 업무를 마무리하기 전 여러 번 확인해야 한다는 점을 강조하고 싶습니다.

이후, 갈등 당사자인 상사, 동료 등에게 직접 찾아가 잠시 조용한 곳에서 둘이 대면하고 싶다고 말씀을 드립니다. 메일 또는 메신저보다 직접 말씀드리는 것이 좋습니다. 직장인은 모두 바쁘니 최대한 덜 바쁜 시간대에 찾아갈 수 있도록 합니다. 회의실 등에서 단둘이 대화를 시작하게 된다면, 내 의견이나 그때의 행동에 대해 정당성을 부여하는 것은 추천하지 않습니다. 변명이나 핑계도 마찬가지입니다. 다소 납득이 되지 않는 부분이 있을 수 있지만, 갈등은 신입사원인 우리 역시 어떠한 방법으로든 언행을 잘못했기 때문에 발생하는 경우가 99.9%입니다. 그렇기에 배우는 과정에서 잘못 생각한 부분이 있었고, 성장하는 신입사원이기 때문에 먼저 사과를 드리는 것이 좋습니다. 또한 구체적으로 어떠한 부분이 불편했는지 여쭙고 같은 실수를 반복하지 않겠다고 말씀드립니다. 이후 말씀해주시는 조언과 업무 관련 여러 방향성에 대해 꼭 메모한 후, 내 언행을 수정할 수 있도록 노력합니다.

물론, 상사의 업무 방향이나 지시사항 등이 썩 마음에 들지 않을 수 있습니다. 그러나 회사는 내가 원하는 입맛대로만 업무를 수행할 수 없고, 상사의 성향에 맞추는 것 역시 업무의 일부입니다. 다소 불만족스러운 부분이 있더라도, 적극적으로 나를 바꾸고자 노력하며 성장할 수 있는 여러 기회를 만들 수 있도록 합니다.

이와 더불어 유관 부서 담당자와 갈등이 발생하는 경우도 있을 수 있습니다. 업무적인 실수로 인한 갈등이라면 상사에게 도움을 청해 과거 수행한 업무의 실수를 확인한 다음, 상사 대동 하에 유관 부서에 방문하여 정중하게 사과하는 것이 좋습니다. 예상보다 더 해당 담당자 및 유관 부서와 팀 단위로 업무를 수행할 일이 많습니다. 그때마다 "그쪽 팀 ○○ 사원 때문에 다들 일 해주기 싫다고 하던데요?"라는 진담 반, 농담 반의 이야기를 듣지 않기 위해서는 갈등 발생 후, 최대한 빠른 시일 내에 조치하는 것이 좋습니다.

03 커뮤니케이션 기술

　회사 내 발생하는 대부분의 갈등은 커뮤니케이션 오류에서 기인하는 경우가 많습니다. 합의한 부분에 대해 기억하지 못하고 발뺌하거나, 명확하지 않은 협조 요청사항 등으로 인해 다르게 이해하거나 등의 이유 말이죠. 이러한 갈등을 최소화하며 원만한 인간관계를 유지하는 것은 명확한 커뮤니케이션에 필수적입니다.

담당자와 내용 확인하기

　커뮤니케이션 오류를 줄이기 위해서는 우선 해당 업무 내용 전달 등을 할 때, ① 담당자(수신인) ② 업무 내용을 명확하게 확인하는 것이 중요합니다. 특히, '관련 유관 부서' 등으로 함축해서 표현하지 않고 '디자인팀 ○○○ 대리', '마케팅팀 ○○○ 과장' 등으로 해당 담당자를 명확하게 해야 합니다. 혹여 유관 부서에서 명확하게 주지 않았다고 하더라도 메일이나 유선 등을 통해 해당 업무를 직접 수행해야 하는 당사자를 확인하는 것이 중요합니다. 추후 다시 한번 해당 업무를 수행하기 싫다면 말이죠. 그리고 명확하게 하지 않는다면 그 누구도 업무를 수행하지 않아 업무가 누락되는 경우도 간혹 발생할 수 있으므로 필수적으로 확인해야 합니다.

수신인에게 정확하게 전달하기

업무 관련하여 해당 담당자를 확인했다면, 업무 내용, 전달 사항 등을 정확하게 전달해야 합니다. 메일 또는 메신저로 전달했다면, 유선을 통해 한 번 더 확인하는 것은 필수입니다. 특히, 담당자의 부재 등으로 인해 쪽지나 해당 팀 동료에게 전달 등의 방법으로 알렸다면 추후 해당 담당자와 연락하여 한 번 더 확인해야 합니다. 전달 오류로 인한 피해는 나뿐만 아니라 조직까지 연결되고, 이러한 과정에서 갈등이 발생할 수 있기 때문입니다.

업무 내용을 명확하게 확인하기

업무 내용 등을 전달받을 때에는 전달인 또는 담당자에게 한

번 더 확인하는 습관을 들여서 커뮤니케이션 오류를 미연에 방지하는 것이 좋습니다. 중간 업무 결과 확인 때, 애써 작성한 내용을 다시 백지로 만드는 끔찍한 일을 겪지 않기 위해서 말이죠. 특히, 날짜 관련 오류가 많으니 확인해야 합니다. 유선으로 내용을 전달받았다면, 꼭 메일 등을 통해 기록으로 남기도록 합니다. 나중에 서로 다른 말을 하는 경우가 간혹 발생할 수 있기 때문입니다. 실제로도 업무적 오류가 발생하는 경우가 있고, 합의하고 원활하게 넘어가면 다행이지만, 원인이 무엇인지 실수한 담당자는 누구인지 끝까지 파헤치는 경우가 있습니다. 그렇기 때문에 모두를 위해서라도 꼭 기록으로 남길 수 있도록 합니다.

반대로 내가 업무 내용 등을 담당자에게 전달할 때에도 명확하게 여러 번 확인한 후 전달해야 합니다. 인력 낭비, 시간 낭비 등에 대해 실수할 수 있다고 넘어가는 담당자도 있지만, 경우에 따라서는 비판과 함께 좋지 못한 첫인상을 '공유'할 수 있기 때문입니다.

다양한 커뮤니케이션 방법 활용하기

커뮤니케이션 방법 중 하나만을 사용하는 것은 누락 등의 실수를 유발할 수 있습니다. 메일, 메신저, 전화, 메모 등 여러 커뮤니케이션 중 최소 두 가지를 활용하여 완벽한 커뮤니케이션이 될 수 있도록 노력하는 것을 추천합니다. 직장인들은 모두 바쁜 상태이므로, 일시적으로 인식하더라도 한두 번 더 강조하여 명확하게 전달할 필요가 있습니다.

물론, 추후 책임소재를 확인할 수 있지만, 이 또한 업무적인 낭비이자 손해이기 때문에 처음부터 최대한 여러 방법을 통해 효율적인 커뮤니케이션을 추구하는 것이 좋습니다.

중간 확인

직장인도 사람이기에 누구나 실수할 수 있습니다. 그렇기 때문에 요청자, 담당자 등 서로 업무를 수행하는 과정에서 중간에 여러 번 확인하는 것은 필수입니다. 회사 내 모든 업무는 기한이 정해져 있고, 최종 단계에서 다시 처음부터 시작하려면 품질이 떨어지기 마련입니다. 이를 미연에 방지하기 위해, 100% 확신하지 말고 여러 번 확인하며 업무 진행 방향 등을 주기적으로 확인할 수 있도록 합니다. 실수를 하더라도 최대한 일찍 발견하면 조치할 수 있는 충분한 시간을 확보할 수 있기 때문입니다.

01 서로에 대해 이해하기

저는 지금은 없어진 3학년 2학기 동계인턴으로 삼성에서 근무했습니다. 이후, 전환 면접에 합격해서 입사에 성공했습니다. 첫 번째 취업 성공 후, 삼성에서 신입사원부터 시작해 약 5년 동안 근무했습니다. 그리고 대리의 직급으로 퇴사했습니다. 여기까지는 많이 겪을 수 있는 과정입니다. 이후 저는 독특하게 두 번째 취업 준비를 다시 신입사원으로 시작했고, 현재 근무하고 있는 두 번째 대기업에 합격했습니다. 지금 다니고 있는 기업 역시 약 5년 동안 근무하고 있습니다(대리 직급).

즉, 인턴사원 경험과 함께 두 번에 걸쳐 신입사원부터 대리 직급까지 성장하며 신입사원의 생각과 행동양식, 그리고 여러 어려움에 대해 많이 겪었다고 생각합니다. '왜 신입사원이 이 부분은 당연히 안다고 생각할까?'라는 생각을 한 적도 많고, 제대로 된 프로세스를 익히지 못해 1시간이면 끝낼 일을 야근까지 하는 경우도 많았습니다. 항상 올바른 교육과 함께 업무 관련 내용에 대해 기초부터 습득하고자 하는 니즈가 컸습니다.

반대로 대리 직급으로서 신입사원 교육을 담당하기도 했고, 멘토링 공모전에 참여하여 멘티와 멘토의 역할을 모두 체험할 수 있었습니다. 실제로 실무자로서 업무를 수행하며 교육까지 담당하다 보니 시간이 부족한 경우도 많았고, 가끔은 '이 정도는 당연히 알고 있겠지'라고 생각하며 생략하는 부분도 있었다고 생각합니다. 성장하다 보니, 신입사원일 때의 제 모습은 기억 속에 어느샌가 희미해져 있었고, 점점 당연하다고 생각하는 부분이 늘어갔던 것이 사실입니다.

두 입장을 여러 번 경험해 본 입장에서 실무자와 신입사원의 간극을 줄이기 위해서는 서로에 대한 이해가 필요하다고 생각합니다. 이러한 이해를 위해서는 '솔직함'과 '소통'이 필수적입니다. 즉, 신입사원은 새로운 업무 지식을 습득하는 과정이므로 모르는 부분에 대해서는 솔직하게 말씀드리고, 구체적으로 "이러한 부분에 대해서는 시간 되실 때, 알려주실 수 있을까요?"라고 요청하는 것이 좋은 자세입니다.

반대로 상사이자 멘토인 사수는 신입사원이 남몰래 겪고 있는 고통이나 어려움이 없는지 꼼꼼하게 살펴야 합니다. 하나라도 더 알려주기 위해 노력하고, 교육을 위해 투자하는 시간을 아까워하지 않아야 한다고 생각합니다. 경험상 아무리 바빠도 교육을 위한 틈새 시간을 확보하는 것은 어렵지 않기 때문입니다. 특히 누구나 성장을 위해 웅크려야 하는 시기가 있기에 이를 인정하고, 신입사원의 입장에서 항상 생각하며 지속적으로 도움을 주어야 합니다. 이러한 과정에서 중요한 것은 "나 때는 말이야!"로 시작하는 강압과 강요가 아니라, 변화한 트렌드와 다른 가치관, 입장 등에 대해 이해하려고 노력하는 자세입니다.

이렇게 서로에 대해 이해하고 노력한다면 동반 성장하며 서로에게 도움이 되는 존재가 될 수 있다고 생각합니다.

02 회사에 올인하지 않는 MZ세대

주 7일 근무, 그리고 평일에도 자기만의 시간까지 모두 할애하여 업무를 수행하고 '회사의 성장이 곧 나의 성장이다'라고 생각하며 근무하던 이야기는 모두 옛이야기가 되었습니다. 이제는 워라밸(Work and Life Balance)을 중시하며 나의 성장과 회사의 성장을 동일시하지 않는 신입사원도 늘어나는 추세라고 합니다.

최근, '회사 업무시간에는 집중해서 열심히 일하고, 퇴근 후에는 온전히 나만의 삶에 집중하자'라는 생각을 중심으로 여러 기업과 함께 사회 전반적으로 많은 변화가 일어나고 있습니다. 특히 1980년대 초부터 2000년대 초 출생한 밀레니얼세대와 1990년대 중반부터 2010년대 초반 출생한 Z세대로 이루어진

MZ세대가 본격적으로 취업 전선에 뛰어들면서 이러한 변화의 중심에 있습니다.

더 이상 회사는 '자아실현의 장'이 아니며, 조금 과장한다면 단순히 '돈을 버는 수단'으로 전락하고 있습니다. 여러 기업들 역시 '선택근무제', '유연근무제', '복장 자율화' 등을 통해 변화의 흐름에 맞춰가고 있고, '동호회 활동 지원', '재택근무', '거점 오피스(자율 근무)' 등을 적극적으로 도입하며 MZ세대의 마음을 사로잡고 유연한 문화와 수평적인 문화를 이끌기 위해 노력하고 있는 것 같습니다.

지금 이 책을 읽는 분들의 대부분이 MZ세대에 속할 겁니다. 이에 저는 회사 내에서는 자기만의 역량과 능력치를 쌓되 올인하지 말고, 퇴근 후에는 취미 등 온전히 자기를 위한 투자를 하라고 말하고 싶습니다. 주어진 업무를 완벽하게 마쳤다면 당당하게 퇴근하면서 '워라밸'을 찾고, 번아웃 없이 회사에서 롱런할 수 있기를 바랍니다.

03 나만의 경쟁력 키우기

신입사원에게 가장 하고 싶은 말은 '차별화된 나만의 경쟁력을 키워라'입니다. 누구나 다니고 싶어 하던 삼성이라는 대기업에서 5년 동안 근무한 후 퇴사했을 때, 저만의 경쟁력은 없었습니다. 물론 MS Office와 같은 업무 툴을 활용하는 능력과 메일 작성하는 방법 등은 능숙했지만, '삼성'이라는 등딱지를 벗었을 때 '나'라는 사람을 표현할 수 있는 수식어가 사라진 상태였습니다. 당시 자격증도 없어 부랴부랴 화공기사를 따면서 느낀 것은 회사 업무와 병행하며 나만의 경쟁력을 키워야 한다는 점입니다. 즉, 회사는 어디까지나 나를 나타내기만 하는 '껍데기'일 뿐, 나의 역량이나 실력을 나타내는 것이 아닙니다.

현재 근무하고 있는 두 번째 기업에 입사한 후로는 회사에 올인하는 것이 아니라 경쟁력을 키우기 위해 노력하고 있다고 자부합니다. 단, 근무 시간에는 온전히 맡은 역할을 다하고, 퇴근 이후에는 자기 계발과 함께 퍼스널 브랜딩, N잡 계획 수립 및 실행 등에 힘쓰고 있습니다. 즉, 회사라는 껍데기를 빼고 내 모습을 바라봤을 때, 남들과 차별화할 수 있는 장점 1~2가지는 갖고 있어야 한다고 생각합니다.

물론 입사하기까지 모두 많은 고생을 했기 때문에 입사 후에 일정 기간 즐기는 것에 대해서는 동의합니다. 다만, 그 후에는 경쟁력을 키우기 위해 지속적으로 고민하고 실천하는 것을 추천합니다. 언제든 다음 날, 바로 다니던 회사를 그만둘 수도 있다는 가정과 함께 나만의 가치를 올리기 위해 노력한다면, 회사로부터 오는 압박과 스트레스를 점진적으로 줄일 수 있다고 생각합니다. 저 역시 사회생활 11년 차인 지금까지도 퇴근 후 최소 하루 4시간 이상씩 투자하며 항상 노력하고 있습니다.

즉, 매일은 아니더라도 틈틈이 나만의 미래를 그리고, 조금씩 실천하며 회사 내 경쟁력 외에도 오롯이 나만의 경쟁력을 끌어올릴 수 있도록 노력할 것을 강조하고 싶습니다.

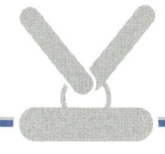

04 회사생활을 통해 내가 얻은 것, 그리고 잃은 것

지금까지 회사생활을 하다 보니 나름 얻은 것도 있는 반면, 잃은 것도 어느 정도 있다고 생각합니다. 여러 번 설명한 것처럼 인턴사원 생활과 함께 삼성 약 5년, 현재 재직 중인 기업 약 5년 합하여 총 10년 이상입니다. 다음과 같이 나름 정리해봤으니, 필요한 부분은 참고하면 좋을 거로 생각합니다. 특히 '잃은 것' 항목을 참고하여 건강 등을 잃지 않았으면 좋겠습니다.

얻은 것

- 돈(근로 수입을 통한 저축 등)
- 인간관계(업무적 관계가 아닌 마음이 통하는 진실된 소수의 친구)
- 업무 프로그램 스킬(MS Office, CAD 등)

- 이메일 작성법
- 효율적인 시간 관리 방법
- 조직 생활 적응하는 노하우
- 회사 주변 맛집과 회식 진행 능력
- 여러 복리후생(연계 할인, 콘도 지원 등 - 재직 중에만 유효)
- 팀장님, 파트장님 등 윗분들의 기분을 알아차리는 관심법
- 점심시간의 소중함(잠을 자든, 쉬든, 다른 내 할 일을 하든 매우 소중한 점심시간)
- 소통, 협업 능력 등
- 여러 교육의 기회(성장할 수 있는 다양한 커리어 패스 및 교육 제공)

잃은 것

- 건강(잠시 잃었다가 꾸준히 관리 중)
- 병원과 은행에 갈 수 있는 시간(병원은 주말에 열지만, 특히 은행은 매우 힘듦)
- 다양한 사고(개인적으로 어느 정도 사고의 틀에 갇힌 경험 다수)
- 자신감(간혹 원하는 결과 또는 피드백을 얻지 못했을 때)
- 기회비용(내 가치와 선택에 따라 달라짐)
- 여유와 나만의 시간

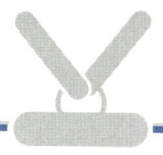

05 지속 가능한 성장 추구

 지금까지 업무 외적인 나만의 경쟁력을 키우는 것에 대해 얘기했다면, 여기에서는 회사 내에서 업무를 수행하며 지속 가능한 성장을 추구하는 부분에 대한 조언을 하고자 합니다.

 이 책을 통해 회사에 쉽게 적응하고, 업무를 체계적으로 정리하는 기초 노하우를 전달했다고 생각합니다. 인간은 적응의 동물이기에 저 역시 어느 정도 소속 회사와 팀, 업무에 익숙해진 다음에는 관성에 젖어 안주하려는 경향을 보였습니다. 누구나 마찬가지라고 생각합니다.

 하지만 업무 수행 능력과 나만의 역량을 올리는 것뿐만 아니라 현재에 안주하지 않고 끊임없는 발전을 통해 몸값을 올리는 것은 중요합니다. 한 달, 두 달 시작해서 2~3년이 지나고 특히

나 이러한 과정에서 팀이 바뀌고 프로젝트도 여러 개 맡으면 금세 수행했던 역할 등에 대한 기억이 흐릿해지기 마련입니다. 이에 아래와 같이 주기적으로 경력기술서와 이력을 업데이트하는 것이 좋습니다. 저 같은 경우 약 한 달 주기로 지속적으로 업데이트하여 '잡코리아' 같은 사이트에 업로드하고 있습니다. 기회는 언제 찾아올지 모르는 거라고 생각합니다. 특히 내가 속한 회사와 팀, 현재의 상황과 조건이 내가 얻을 수 있는 최고의 가치라고 생각하는 것을 멈춰야 합니다.

이와 더불어, 자기 계발과 함께 증명할 수 있는 결과물을 창출해야 합니다. 저 역시 현재 회사에서 1년에 두 번 무료로 OPIc을 볼 수 있도록 지원하고 있습니다. 그러나 이 성적은 대외적으로 인정받을 수 없기에, 자비를 들여 OPIc 시험을 보고 일정 수준 이상의 영어 성적을 유지하려고 노력 중입니다(기회가 왔을 때 한낱 영어 성적이 없어 제출조차 못 하면 억울하니까요). 또한 기사, 기술사 등의 자격증 취득도 추천해 드립니다.

현재 다니고 있는 회사에 만족한다면 다행이지만(그래도 위에서 언급한 노력은 기울이는 것을 추천), 만족하지 못한다면 조언한 대로 업무에 대한 전문성을 쌓으면서 차근차근 준비해야 합니다. 다시 한번 강조하자면 회사라는 껍데기를 벗었을 때 업무적으로 나만의 차별화된 역량과 전문성이 있어야 하고, 이를 증명

할 수 있는 여러 자격증 등이 있어야 합니다.

취업 후, 그동안 고생한 나를 위해 잠시 쉬어가는 것은 좋지만 안락과 관성에 젖어 '우물 안 개구리'가 되지 않기를 바랍니다.

① 주기적으로 경력기술서, 이력서 등을 업데이트하여 경력 관리하기
② 자기 계발과 함께 증명 가능한 결과물을 창출하여 경쟁력 확보하기

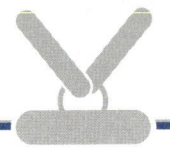

01 회사생활을 위한 기본 꿀팁

**최고의 신입사원이 아닌
'밉보이지 않는 신입사원'이 되자**

혹시 입사 후 목표가 내 모든 것을 바쳐 상위 1%가 되어 탄탄대로를 달리는 것인가요? 이러한 목표를 설정하는 인턴 또는 신입사원은 극소수일 거라고 생각합니다.

끊임없는 열정과 노력으로 승진과 좋은 고과를 받으며 승승장구한다면 만족감은 크지만 금세 번아웃 되어 회의감과 함께 나만의 시간이 점점 없어질 겁니다. 퇴근 후에는 친구를 만나거나 놀 수 있는 체력이 없어 퍼지기 일쑤고, 짧게 자고 난 후에는 '오늘은 연차를 써볼까?'라는 생각을 수십 번 하며 급하게 준비하고 출근하게 될 것입니다. 저 역시 이러한 경험을 여러 번 겪었기에 추천하는 회사생활 잘하는 꿀팁은 최고의 신입사원이 되는 것이 아닌 '밉보이지 않는 신입사원'이 되는 것입니다.

즉, 대다수가 싫어하는 행동이나 생각을 최대한 하지 않고, 여력이 된다면 센스를 더해 꽤 괜찮은 신입사원으로 나아가는 것입니다. 또한 비즈니스 매너를 익히고 이를 준수하며 예의와 예절을 지키는 방향으로 성장하는 것을 추천합니다. 여기서 업무를 '잘한다'는 기준은 구체적으로 말씀드리지 않겠습니다. 인턴사원과 신입사원은 업무 퍼포먼스를 내는 것이 아니라 업무 지식을 함양하고, 체계와 프로세스를 학습하고, 업무를 하는 방법을 익히는 시기라고 생각합니다. 실제로 대부분의 기업 역시, 신입사원이 입사한 후 4~5년 차까지는 업무적인 성과를 기대하는 것이 아닌 교육을 통해 '쓸만한 인재'로 만드는 기간으로 삼고 있다고 합니다.

그렇기에 모든 신입사원들이 적극적으로 회사생활을 하되, 과욕은 버리고 멀리 보며 나아가는 것을 목표로 하면 좋겠습니다.

회사생활 공통 꿀팁(옷차림, 회식, 인간관계 등)

회사생활에서 모범답안은 있지만 정답은 없다고 생각합니다. 그럼에도 불구하고 이 책을 읽고 있는 인턴사원 또는 신입사원분들은 정답까지는 아니어도 조언이나 가이드 등을 찾고 이를 바탕으로 회사생활을 하거나 업무를 수행하고 싶어 할 것으로 생각합니다. 그렇기에 지금까지 직접 겪으며 느꼈던 옷차림, 회식 등에 대한 공통 꿀팁을 알려주겠습니다. 이 책을 통해 알려주는 것들 역시 정답은 아니기에 '참고'로만 봐주길 바랍니다.

옷차림

최근에 대부분의 기업이 기존의 수직적인 조직문화에서 '수평적인 조직문화'로 탈바꿈하고 있고, 이러한 방향에 맞추어 옷차림도 점점 간소화되고 있습니다. 저 또한 이러한 흐름을 매우 환영하고 있고, 덕분에 편하게 회사생활을 하고 있습니다. 특히 몇몇 기업은 청바지를 넘어 여름에 반바지 옷차림까지 허용하며 파격적으로 임직원을 배려하고, 더 나은 환경에서 업무를 할 수 있도록 앞장서고 있습니다.

그럼에도 불구하고 처음 입사하거나 입사한 지 얼마 되지 않은 신입사원들은 어떻게 해야 옷차림에 대한 기준을 지키되 편하게 입을 수 있을지 항상 고민하고 있을 것입니다. 이러한 옷차림에 대해서는 한 단계 더 격식을 차리는 것이 정답이라고 생각합니다.

즉, 비즈니스 캐주얼을 요청할 때는 정장으로, 캐주얼을 요청할 때는 비즈니스 캐주얼로 차려입는 것입니다. 지속적으로 이렇게 철저하게 지키는 것이 아니라, 일시적으로 한두 번 이렇게 입고 출근하며 주변 팀원들과 옷차림의 톤 앤 매너(Tone & Manner)를 맞춰 나가는 것이 좋습니다. 단, 개인적으로 여름이어도 대표님, 경영진, 담당자 등을 만나거나 함께 미팅을 진행할 경우가 생긴다면 무조건 재킷을 챙겨 입는 것을 추천합니다. 어느 정도 격식을 차리는 것이 필요한 자리이기 때문입니다.

더 나아가 한 가지 더 조언하자면, 항상 깔끔한 옷차림을 유지하고 가능하다면 좋은 향기까지 풍길 수 있도록 노력하는 것이 좋습니다. 한국의 정서상, 이러한 옷차림에 대한 첫인상이 업무에 대한 능력 평가로 자연스레 이어지는 경우가 많기 때문입니다. 전날 고깃집에서 회식했는데 고기 냄새가 잔뜩 밴 외투나 옷차림 그대로 다음 날 출근한다면 좋은 이미지를 남길 수 있을까요? 또는 얼룩이 잔뜩 묻은 니트나 바지 등을 입고 출근한다면 다른 동료들에게 좋은 이미지로 남을 수 있을까요? 물론 동료들에게 좋은 인상을 남기기 위해 회사에 출근하는 것은 아니지만 어느 정도의 노력은 필요하다고 생각합니다. 회사 출퇴근 복장으로 착용하는 옷들은 자주 빨거나 드라이클리닝을 하고, 다림질 등을 통해 최대한 깔끔한 이미지를 주어야 합니다.

인사

대부분의 시간을 회사에서 보내기 때문에 출퇴근은 물론이고 업무하는 시간에 팀 구성원을 비롯하여 다른 팀 사람 등과 마주치는 순간이 많습니다. 마주칠 때마다 계속 숙이면서 "안녕하세요?" 또는 "안녕하십니까?"라고 인사를 해야 하는지 고민이 많이 될 것이라 생각합니다. 마주칠 때마다 인사를 하자니 너무 자주 하는 것 같고, 인사를 계속하지 않으려고 하니 예의가 없어 보일 거 같고…. 인사와 관련하여 공통적으로 적용할 수 있는 꿀팁을 주도록 하겠습니다.

일단, 출근했을 때는 부서장님께 가서 인사를 한 후, 다른 부서원들과 한 분씩 눈을 마주치며 "안녕하세요?"라고 인사를 하는 것이 좋습니다. 수평적인 조직문화로 변하고 있지만, 그래도 가장 먼저 부서장님께 인사하는 것이 아직까지는 추천하고 싶은 순서입니다.

최근, 퇴근할 때는 '인사하지 않기'라는 캠페인을 하는 회사도 많을 만큼 눈치를 보지 말자는 문화가 확산되고 있습니다. 사내 문화에 따르면 되고, 만약 인사를 해야 하는 부서 분위기라면 퇴근 인사를 드린 다음 가벼운 발걸음으로 퇴근합니다. 맡은 업무를 모두 종료했다면 눈치를 볼 필요 없이 퇴근 인사를 드리면 됩니다.

단, "수고하세요!"는 윗사람이 아랫사람에게 사용하는 인사이기에, 이러한 인사 대신 "먼저 퇴근해보겠습니다", "고생하셨습니다", "내일 뵙겠습니다" 등의 인사를 드리며 퇴근하는 것이 좋습니다.

일과 중 처음 보는 다른 팀원들에게는 "안녕하세요?"라고 인사하고, 이후 화장실에 가거나 회의실 등에 가는 길에 마주칠 때에는 가볍게 목례를 하면 충분합니다. 의도치 않게 회의 중간에 들어가거나 통화를 하던 중 다른 분과 마주치는 경우에도 목례를 하는 것이 좋습니다.

신입사원들이 가끔 오해하는 부분이 '같은 회사 구성원'에게만 인사하면 된다고 생각하는 점입니다. 이는 잘못된 생각입니다. 마주치는 모든 분에게 인사하는 것이 예의 있는 모습입니다. 설사 마주치는 분이 '처음 보는, 나와 상관없는 외부인'일지라도 내 인사가 회사의 첫인상이 될 수 있기 때문입니다.

대부분의 기업이 '수평적인 조직문화'를 추구하고 있고, 신입으로 많이 들어오는 MZ세대를 위해 다변화를 꿈꾸고 있지만 아직까지 '인사'는 우리나라에서 중요한 예의 중 하나입니다. 그렇기 때문에 내가 다소 기분이 좋지 않거나 힘든 날이더라도 가벼운 미소와 함께 인사를 '먼저' 건넬 수 있도록 꼭 잊지 않길 바랍니다.

효율적인 시간 사용 방법

회사생활에 조금씩 적응하다 보면 느끼겠지만, 모든 업무는 기한이 정해져 있습니다. 또한 하나의 업무를 준 다음, 해당 업무가 끝나면 다음 업무를 주는 것이 아닌, 여러 개의 업무를 동시에 준 후 병행해서 수행하도록 만드는 경우가 대부분입니다. 회사에서 '효율성'은 매우 중요한 요소 중 하나이기 때문입니다.

야근 시간을 제외하고 보통 주어지는 정규 근무시간은 점심시간을 제외한 8시간입니다. 누구에게나 동일하게 주어지는 이 8시간을 효율적으로 사용하며 업무 성과를 극대화하기 위해서는 시간을 사용하는 방법이 중요하다고 생각합니다. 이를 위해 다음과 같이 조언하고 싶습니다.

첫째, 업무의 우선순위 부여입니다. 메모, 캘린더 등을 통해 내가 수행해야 하는 모든 업무를 목록으로 만든 다음, 중요도, 기한 등을 바탕으로 우선순위를 부여합니다. 이를 바탕으로 모든 업무를 병행하여 진행하면서 효율을 올릴 수 있도록 합니다.

둘째, 시간이 크게 소요될 거라 예상되는 단계에 대해 예측하여 진행하는 것입니다. 예를 들어, 법무팀에 계약서를 검토하는 데에 소요되는 시간, 유관 부서에 요청한 후 회신받는 데에 소요되는 시간을 예측하는 것입니다. 물론 어떻게 커뮤니케이션을 하느냐에 따라 시간을 다소 줄일 수는 있지만, 어느 정도 절대적인 시간이 필요한 부분이라고 생각합니다. 그렇기 때문에 이러한 부분에 대해서는 서둘러 작성한 후, 요청한 다음 회신을 기다리며 다른 업무를 수행하는 등 효율을 극대화하기 위한 선제적인 조치가 필요합니다.

셋째, 혼자 쥐고 있지 않는 것입니다. 역량과 경험 등 모든 면이 다소 부족한 신입사원인 우리가 요청받은 사항에 대해 고민하며 시간을 무의미하게 소모하는 것은 효율성에 맞지 않습니다. 진행하기 어려운 부분이 있으면 바로 사수, 상사 등에게 오픈하고 업무 진행 방향 등에 대한 조언 등을 얻는 것입니다. 또한 궁금한 부분에 대해서는 가감 없이 사전에 물어보는 것이 좋습니다. 일정 기간 열심히 업무를 했는데 잘못된 방향으로 진행했다면 다시 원점으로 돌아와 시작해야 하기 때문입니다.

업무 중, 퇴근 시 책상 관리

　업무를 잘하는 사람의 대부분은 책상 정리도 주기적으로 깔끔하게 하고, 책상 위를 너저분하게 만든 후 퇴근하는 경우가 드뭅니다. 아직 업무 관련 결과를 창출할 수는 없지만, 신입사원 역시 책상 등을 항상 깔끔하게 해야 '언제든지 배울 수 있는 준비가 된 사람'이라는 느낌을 줄 수 있습니다. 같은 내용이라도 준비가 된 사람에게는 하나라도 더 주려는 사수나 동료가 많고, 흐트러진 모습보다는 깔끔한 모습을 다들 원하기 때문입니다. 즉, 집이나 다른 곳에서는 깔끔하게 정리하는 스타일이 아니더라도 회사 내에서는 최대한 정리 정돈된 모습을 보여줘야 합니다.

　더하여 업무 중에 과자 등의 간식을 먹거나 음료 등을 마시고 있다면, 취식이 끝난 후에는 최대한 빨리 쓰레기를 버릴 수 있도록 합니다. 또한 퇴근 후에도 책상 위 문서 등을 깔끔하게 정리한 후 퇴근할 수 있도록 합니다. '보안'은 가장 기본적으로 신경 써야 하는 부분이기에 책상 서랍은 항상 잠그고 열쇠를 휴대해서 다녀야 합니다.

대외비 문서 관리

점점 업무를 배워갈수록, 그리고 업무를 받을수록 도면이나 신사업 보고서, 계약서, 경영계획 등 '대외비'인 문서를 많이 다루게 됩니다. 해당 문서들은 최대한 파일인 상태로 확인하고, 피치 못하게 인쇄물로 확인이 필요할 경우에는 확인한 다음 시건장치가 있는 곳에 보관하거나 파쇄기 등을 통해 깔끔하게 버릴 수 있도록 합니다.

프린트

부서에 배치된 후, 어느 정도 적응했다면 가장 먼저 설치해야 하는 것은 프린터 드라이버입니다. 신입사원의 경우 회의를 위해 사전에 관련 자료를 프린트해야 하는 등 프린터를 사용하는 경우가 많기 때문입니다. 유·무선으로 프린터에 출력 신호를 주는 경우도 있지만, 최근에는 사내 공용 클라우드 서버에 요청 신호를 보낸 후, (사무실 내 프린터 앞에 위치한) 태그 부분에 사원증 등을 터치하여 프린트를 하는 경우도 많으니 사전에 꼭 확인하도록 합니다. 팀 내 구성원 중 누군가가 프린트를 부탁했을 때, "아직 프린터 드라이버를 깔지 않았습니다", "프린트를 아직 해보지 못했습니다" 등의 답변으로 어리바리한 모습을 보이기 싫다면 말이죠.

본부장 등 높은 분들에게 보고하는 자료가 아닌 이상 보통 용지 낭비를 방지하기 위해 흑백, 한 장에 두 쪽 모아찍기(양면)를 주로 많이 합니다. 최근에는 지구 살리기 캠페인 등의 일환으로 'Paperless 회의'를 강조하는 회사들이 많으니 최대한 프린트가 필요할 때만 할 수 있도록 하는 것이 좋습니다. 단, 외부인에게 전달할 회사소개 등의 자료인 경우 컬러로 한 장씩(단면) 프린트 하는 것이 좋습니다.

프린트양이 얼마 되지 않는다면 클립이나 스테이플러로 좌측 상단을 고정합니다. 양이 많은 경우라면 집게 등을 이용합니다. 외부인과 미팅할 때는 클리어 파일에 유인물을 넣어서 전달하면 더 매너 있는 모습을 보일 수 있습니다.

회식

업무시간에 다 하지 못한 이야기를 하거나, 팀워크를 다지기 위해서 회식을 하는 경우가 많습니다. 또는 외부 거래처나 신규 계약 업체가 생기면, 아이스브레이킹(Ice Breaking) 등을 위해 진행하는 경우도 있습니다.

점심 회식이나 다과회 같은 회식은 환영하지만, 특히 MZ세대는 자기만의 시간을 중시하기 때문에 퇴근 후 회식은 많이 꺼려지는 것이 사실입니다. 저 역시 지금까지도 퇴근 후 회식은 환영하지 않습니다. 그러나 회식에서 서로 못다 한 이야기를 하거나 업무에 대한 긍정적인 평가를 듣는 경우도 있고, 좀 더 가벼운 분위기에서 팀워크를 다질 수 있다는 장점도 확실히 있습니다.

그렇기 때문에 개인적으로 굵직한 회식에는 참여하고 소소한 회식까지는 참여할 필요가 없다는 것을 말하고 싶습니다. 환영회, 송별회, 보고 후 회식, 연말 회식 등은 최대한 참여하는 것이 좋습니다. 그러나 사전 공지가 없는 번개성 회식, 술을 마시기 위한 분들이 주최하는 회식 등은 추천하고 싶지 않습니다.

또한 회식에 불참하게 되었을 때 회식 불참에 대한 죄송함을 과도하게 표현하거나, 다음 날 어떤 이야기가 오고 갔는지 지나치게 집착하는 것을 피하는 부분을 강조하고 싶습니다. 이러한 조언을 참고해서 회식에서 오는 스트레스를 피하고, 좀 더 행복한 회사생활이 되기를 바랍니다.

더불어 입사 후 얼마 되지 않은 상태라면, 대부분 사수나 팀 내 공통 업무 담당자가 회식일 사전 취합 및 선정, 회식 장소 예약, 공지 등을 하는 경우가 많습니다. 처음에는 신입사원이 직접 하지 않아도 되지만 한두 번 회식을 진행한 후에는 조심스레 "이번에는 제가 회식일을 잡고 회식을 진행해보도록 하겠습니다" 등으로 적극적인 모습을 보여주는 것을 추천합니다.

가방, 업무 도구 등 지참

출퇴근할 때 서류 가방이나 백팩 등을 챙겨야 되는지에 대한 의견이 분분한 것이 사실입니다. 조금 더 '준비된 자세의 신입사원'이라는 이미지를 갖기 위해서는 입사 후 몇 개월 동안은 가방을 지참하여 출퇴근하는 것이 좋다는 의견입니다. 이후에는 자유롭게 회사를 다녀도 상관없습니다. 물론, 가방 안에 대단한 것들이 있는 것은 아닙니다. 그러나 배울 자세를 갖춘 신입사원인지 판단할 때 이러한 부분까지 고려하는 분들 역시 있기 때문에 입사 후 당분간은 가방을 지참하는 것이 좋습니다. 서류 가방, 토트백, 백팩 등 종류는 상관없으나, 화려한 패턴이나 컬러는 지양하도록 합니다.

입사 후, 첫 출근할 때 또는 교육 후 해당 부서에 배치되기 직전 업무 키트나 업무 도구를 받는 경우도 있습니다. 그러나 모든 업무 도구가 포함되지 않는 경우가 많고, 또는 아예 받지 못하는 경우가 대부분입니다.

저는 업무를 수행하는 데에 필수적인 업무 관련 도구들을 구입 후 지참하는 것을 강조하고 싶습니다. 노트북 받침대, 연필꽂이 및 필기류, 포스트잇 및 플래그, 노트(필기용), 자, 가위 등이 해당됩니다. 당장 사전에 구입하는 것보다는 하루 정도 필요한 업무 도구를 살펴본 후, 다음 날 출근할 때 지참한다면 '준비된 신입사원'이라는 모습을 보여줄 수 있지 않을까요?

출퇴근 시각

출근 및 퇴근 시각 관련하여 여러 조언들이 있습니다. 개인적으로 추천하는 출근 시각은 팀원들께 인사를 한 후 업무 시작 10분 전 착석할 수 있는 시각입니다. 말 그대로 회사에서 정하는 출근 시각은 '업무를 수행할 준비가 되는 시각'이기 때문입니다. 가끔 피치 못할 사유로 인해 조금 지각할 수는 있다고 생각합니다. 하지만 잦은 지각으로 인해 근태에 대한 좋지 못한 인상을 준다면 이는 성실함과 연결되기 때문에 출근 시각은 꼭 지킬 수 있도록 노력해야 합니다.

퇴근 시각은 정해진 시간만 채우면 된다고 생각합니다. 단, 미리 짐을 싸서 정각이 되자마자 퇴근하는 것보다는, 정각이 된 다음 자리 정리 후 퇴근하는 것이 더 좋지 않을까요? 더 나아가 야근의 경우, 저는 '내가 납득할 만한 업무이고 꼭 오늘까지 끝내야 하는 업무이면 하자'는 가치관을 가지고 있습니다. 이 부분은 개인적으로 판단하면 되는 부분이라고 생각합니다. 야근을 통해 업무를 하며 업무 역량 향상의 기회로 삼는 사람도 있는 반면, 정시 퇴근 후 개인 시간을 통해 취미활동을 하거나 하고 싶은 일들을 하는 경우도 있기 때문입니다. 정답은 없기 때문에 자기만의 가치관을 가지고 행동하는 것이 중요합니다.

연차, 월차 등

연차, 월차 사용 관련하여 눈치를 보지 않도록 자가 결재로 바꾸는 기업들이 최근 꽤 많아지고 있습니다. 그만큼 워라밸과 함께 유연한 조직문화를 추구하고 있는 추세입니다. 또한 기존의 수직적인 조직문화에서 '수평적인 조직문화'로 바꾸어가고 있습니다.

이러한 흐름은 저 역시 매우 환영하고 있지만, 아직 신입사원 입장에서는 연차, 월차 등을 사용하는 것이 눈치가 보이는 것이 사실입니다. 그러나 최소한의 눈치만 보면 된다고 생각합니다. 사유도 개인적인 이유라고 조심스레 말씀드리면 됩니다. 단, 연차, 월차는 긴급 이슈를 제외하고 최소 하루 전에 말씀을 드려야 합니다. 팀 전원이 바쁜 시기가 있다면 최대한 피하는 것이 좋습니다. 그리고 부재중일 때, 꼭 마감해야 하는 업무가 있다면 사전 일정 조율 또는 대신 업무를 수행해야 할 분을 구한 후 연차나 월차를 사용하는 것이 비즈니스 매너에 부합합니다.

공통 업무

회사, 그리고 속한 팀 역시 조직이기에 공통적인 업무가 다수 있습니다. 예를 들어 탕비실 내 간식 구매, 회식 장소 섭외 및 예약, 다이어리 수령 및 팀원 배부 등입니다.

초창기에는 당연히 원래 하던 구성원이 계속해서 하겠지만, 이러한 부분을 당연하게 여기면 안 된다고 생각합니다. 도울 부분이 있는지 물어보고 공통 업무 중 일부를 본인이 할 수 있도록 가져오는 것이 좋다는 의견입니다. 단, 나중에 맡는 업무 역할과 수행해야 하는 업무가 점진적으로 많아지기에 여유 시간은 점점 줄어들기 마련입니다. 그렇기 때문에 '모든 공통 업무를 신입사원인 내가 다 하겠다'라는 생각과 희생은 지양해야 합니다.

질문 방법

신입사원은 업무를 알아가는 과정이지만 단순한 질문은 지양하는 것이 자기의 발전을 위해서도 좋다고 생각합니다. 예를 들어, 다음과 같이 인터넷에서 검색하거나 사내 문서를 찾는 것을 통해 바로 나올 수 있는 질문들은 피해야 합니다.

"선배님, 여기 이메일에서 TBC는 어떤 의미인가요?"

"우리 회사의 작년 매출과 영업이익은 어떻게 되나요?"

즉, 성장하기 위해서는 'Why?'라는 의문을 가지고 항상 생각해야 하고, 좀 더 양질의 질문을 위해서는 학습한 후 해결되지 않는 부분에 대해서 질문하는 것이 좋습니다.

예를 들어, 올해 A라는 사업에 대해 회사에서 매출 350억이라는 매출을 경영계획으로 설정했다면, 왜 350억 매출을 설정했는지 전년도 또는 그 전년도의 매출과 최근 투자, 트렌드 등을 확인합니다. 더 나아가 영업손실 등을 함께 확인한다면 더 좋겠죠? 물론 처음부터 이렇게 하기는 쉽지 않겠지만 적극적인 자세를 바탕으로 자료를 요청하거나 학습하는 모습을 보여드린다면 좋을 것이라 생각합니다.

질문의 예를 들어보겠습니다. 단순히 "CAGR 용어의 뜻은 무엇인가요?"라고 묻는 것은 매우 단순한 질문입니다. 대신, "제가 학습한 결과, CAGR은 연평균 성장률이라고 합니다. 우리 회사 B라는 사업의 연평균 성장률을 12%로 설정한 이유가 따로 있을까요?" 등으로 조금 더 깊이 있는 질문을 한다면 어떨까요? 사수 입장에서 더 많은 것을 알려주고 싶지 않을까요? 즉, 일차적인 질문이 아니라 이에 대한 사전 조사와 함께 내 생각을 더해 조금 더 깊은 질문을 함으로써 업무와 관련해 많은 지식과 노하우를 얻고자 노력하는 것이 중요합니다.

보고 타이밍

하나씩 업무를 습득하면서 업무 수행이 가능한 범위가 점점 늘어날 것입니다. 그러면 사수 또는 부서장 등에게 직접 보고를 해야 하는 기회가 생길 거로 생각합니다. 또한 공식 보고를 위한 자리가 아니더라도 상사의 이해와 의사 결정 등을 위해 보고가 필요한 경우가 많을 것입니다.

그러면 보고는 왜 해야 할까요? 업무의 성과, 결과 등을 알려드리기 위해서입니다. 이를 통해 잘된 부분은 공유하고 다음 업무에도 적용하며, 다소 미흡한 부분은 목록, 파일 등으로 정리하여 다음에 같은 실수를 반복하지 않도록 하는 것이 중요합니다.

최종 보고보다는 여기에서 중간보고의 중요성을 강조하고 싶습니다. 중간보고의 목적은 '현황에 대한 이해', '의사 결정', '피드백' 등이 있습니다. 보고를 받는 입장에서 생각해 봤을 때, 짧은 시간을 필요로 하는 업무에는 큰 상관이 없지만 보통 일주일 이상의 기간이 필요한 업무에 대해서는 현황 파악이 필요합니다. 또한 기대 이상의 수준으로 업무가 진행되고 있는지, 맞는 방향으로 가고 있는지, 필요한 의사 결정 사항은 없는지, 다른 부서와의 협업이 필요한지 등 많은 부분이 궁금할 것입니다. 특히, 해당 업무의 최종 보고 일정이 정해져 있는데 아무런 중간보고 없이, 마지막에 '미흡한 수준'의 업무 결과를 가져온다면 이보다 더 힘든 경우는 없을 거라 생각합니다.

특히 우리와 같은 신입사원은 아직 업무 역량이 미흡하고 배워야 할 부분이 많습니다. 그렇기 때문에 항상 주기적인 중간보고를 통해 끊임없이 피드백을 받으며 업무 결과 완성도를 높일 수 있도록 노력하는 것을 추천합니다.

보고하는 방식은 사내 문화, 부서 문화에 따라 천차만별입니다. 작성 후, 프린트하여 대면보고를 추구하는 문화도 있고, 큰 건이 아니라면 단순 이메일 등을 통해서 보고하는 문화도 있습니다. 처음에 이러한 문화를 깊숙이 이해하기 힘들기 때문에, 우선은 부서 내 공통으로 사용하는 보고 양식을 바탕으로 꼼꼼하게 작성한 후 이메일을 드립니다. 이후, 프린트를 한 다음 보고받는 분께 대면으로 가능한 날짜와 시간 등을 확인하고 보고할 수 있도록 합니다. 보수적으로 보고한 후, 그다음부터는 부서 문화 등에 맞게 조절하면 센스 있는 신입사원으로 거듭날 수 있을 것입니다.

복리후생

회사에서 제공하는 복리후생은 생각하는 것보다 훨씬 더 많습니다. 보통 선후배나 동기들을 통해 복리후생을 접하게 됩니다. 단순히 '아, 이런 게 있구나'라고 생각해도 좋습니다. 그러나 내게 어떠한 복리후생이 필요하거나, 관련 복리후생 항목이 있는지 궁금할 때는 누구에게 묻기보다는 회사 내 시스템, 플랫폼 등을 통해 확인하는 것이 좋습니다. 자세히 설명되어 있지만, 대부분 꼼꼼하게 확인하지 않는 경우가 많기 때문입니다.

해당 복리후생을 확인한 후, 좀 더 구체적인 안내가 필요하면 명시된 담당자에게 이메일 등을 통해 연락하는 것을 추천합니다.

통근 시간

개인적으로 통근 시간이 편도 1시간이 넘어가면 삶의 질이 떨어진다고 생각합니다. 물론 개인별로 차이가 있을 수 있습니다. 대중교통을 통해 출퇴근하는 시간을 효율성 있게 활용하여 자기 계발의 기회로 삼는 분도 많기 때문입니다.

제 기준에서는 편도 1시간이 넘어갈 때, 또는 그 미만이어도 한두 달 정도는 일단 통근을 해보는 것을 추천합니다. 이후, 체력적인 부담 등 여러 어려움이 있다는 것이 확실할 때, 회사 주위에서 자취 등을 해도 좋다고 생각합니다. 30~50만 원 정도 지출이 늘어나지만 만족감은 지출 대비 배 이상이라고 생각합니다. 단, 너무 회사 근처로 집을 구하는 것은 다소 좋지 못한 생각일 수 있습니다. 퇴근 후에는 회사 사람을 보기 싫을 수 있는데, 의도치 않게 자주 만날 수 있기 때문입니다.

차량 구입

차량 구입 역시 신입사원이 가장 많이 하는 질문입니다. 주말에만 타는데 차량을 구입해도 되는지, 한 달에 저축을 얼마 정도 하는데 차량 구입 시 지출을 감당할 수 있는지, 현재 내 연봉이 얼마인데 이 정도 금액의 차량을 구입해도 되는지 등을 궁금해합니다.

개인적으로 정답은 없다고 생각합니다. 확실한 것은 저축이 줄고, 지출이 당연히 늘겠지만 만족감은 매우 크기 때문입니다. 이 부분에 대해서는 다른 사람과 비교하거나 조언을 구하기보다는, 개인적인 재무 상태와 미래 계획을 함께 고려해서 구입하는 것이 좋습니다. 단, 항상 보수적으로 생각해야 합니다. 즉, 보험료, 차량 유지 비용 외에 주기별로 드는 소모품의 비용, 사고 발생 시 할증되는 보험료, 주차비, 유류비 등을 모두 포함하여 생각한 후, 감당 가능한 수준이라고 판단이 서면 구입하는 것을 추천합니다.

자기 계발의 기회

개인 시간을 할애하여 미래를 위한 자기 계발에 힘쓰는 신입사원이 많습니다. 저 역시 이러한 방향에서 항상 노력하고 있습니다.

그러나 회사에서 주어지는 자기 계발의 기회가 많다는 것을 아는 신입사원은 많지 않다고 생각합니다. 예를 들어, 대학원 진학 시 입학금, 등록금 등을 내주거나(단, 추후 조건을 만족하지 못할 시 해당 금액 환수) 해외 탐방, 외부 교육 및 세미나 등 많은 기회를 통해 인재 양성에 힘쓰고 있습니다.

관련하여 조언하고 싶은 부분은 항상 공지, 사내 게시판 등을 유심히 보라는 것입니다. 이와 함께 '연차 기준', '고과 기준' 등은 만족하지 못하면 어쩔 수 없는 부분이지만 '어학 기준' 등은 선제적으로 갖출 수 있는 부분입니다. 그렇기 때문에 '때가 되면 준비하자'라는 마음가짐보다는 사전에 준비할 수 있는 자격요건과 관련해서 미리 어학 점수 등을 준비하여 준비된 인재로서 기회를 노리는 신입사원이 되길 바랍니다.

비교를 멈출 때 행복이 시작된다

제가 회사생활을 하며 가슴에 새기는 글귀가 있습니다. 바로 '비교를 멈출 때 행복이 시작된다'입니다. 경쟁을 통해 우위에서고, 이를 통해 단기간 내 승진과 함께 결국 원하는 목표를 달성하는 것을 최우선으로 삼는 사람에게는 다소 어울리지 않는 말일 수 있습니다. 그러나 모든 체력 등을 소모하는 등 극단적인 노력을 통해 경쟁 우위에 서는 것을 좋아하지 않는 사람들에게는 이 말을 추천하고 싶습니다.

인생에도 적용할 수 있지만, 특히 우리가 해오고 있는 회사생활에 가장 잘 적용할 수 있고 잘 어울리는 말이라고 생각합니다. 아무리 의식하지 않으려고 해도 회사생활에서 이러한 '비교'는 멈출 수 없습니다. 고과부터 연봉, 실적 등등 무의식중에 우리는 비교를 지속하고 있고, 조금이나마 남들(여기서는 회사 내 구성원)보다 하나라도 더 우위에 서기 위해 힘쓰고 스트레스를 받고 있다고 생각합니다.

멀리 보면, 현재 이러한 무의미한 비교를 멈출 때 진정한 '행복'이 시작될 수 있다고 생각합니다. 물론 그렇다고 업무적인 노력을 게을리하라는 의미가 아닙니다. 업무 관련해서는 윗분들이 칭찬하는 업무 성과, 포맷, 창의적인 아이디어 등을 참고로 하는 등 끊임없이 비교하며 성장하기 위해 노력해야 하는 부분입니다. 이 외에 앞서 언급한 고과, 연봉, 실적 등에 대해서는 비교보다 나름의 성과에 만족하며 가끔 일부는 포기할 줄 알아야 더 길고 행복한 회사생활을 이어 나갈 수 있다고 생각합니다.

  물론 이러한 방향과 가치관이 모두에게 완벽하게 적용할 수는 없다고 생각합니다. 그러나 무한경쟁에 지치고 가끔 자괴감이나 피로감이 몰려올 때, 조금은 쉬어갈 수 있고 비교를 멈추고 나만의 온전한 '업무적 성장'에 집중할 수 있도록 되돌아볼 수 있는 시간을 가졌으면 좋겠습니다.

 **회사생활에 유용한 애플리케이션**

CamScanner

업무를 수행하다 보면 스캔을 해야 하는 경우가 많습니다. CamScanner는 부분 유료인 애플리케이션으로, 핸드폰으로 직접 촬영하거나 사진첩 내 사진을 불러와서 스캐너로 스캔한 듯한 효과를 줄 수 있습니다. 무료인 기능만 사용해도 충분하며, 실질적으로 많이 사용하는 애플리케이션입니다.

Polaris Office

사무실 밖에서 급하게 중요한 문서를 확인해야 할 때 유용한 애플리케이션입니다. 한글과 함

께 MS Office 등 대부분의 문서를 편하게 열어볼 수 있도록 만들어줍니다. 무료 버전에서는 읽기가 가능하며, 유료 버전에서는 문서 작성, 편집 등이 가능합니다.

리멤버

책상에 계속 쌓이는 명함들을 쉽게 정리하도록 도와주는 애플리케이션입니다. 무료이며 명함을 찍어서 올리면 자동으로 저장해주는 기능  을 지원합니다. 저장해두면 추후 상대방에게 손쉽게 명함을 전달할 수 있고, 수신할 때 리멤버에 등록되어 있는 명함 내 번호면 자동으로 발신자 명함 정보가 뜹니다.

VLLO

회사에서 의외로 간단하게 동영상 편집을 해야 하는 경우가 많습니다. 동영상 편집 애플리케이션으로 부분 유료이며 글꼴 중 일부라든지  사용 제한이 있는 부분이 있지만, 무료로 사용해도 얼마든지 편하게 편집이 가능합니다. 저는 아이패드에서 보통 동영상 편집을 하는 편인데, 스마트폰보다 더 자세히 보며 편집할 수 있습니다.

iXpand Drive

보안 정책으로 인해 외부 드라이브는 읽기만 가능하도록 만드는 회사가 많습니다. 그러나 안드로이드는 자유로운 반면, 아이폰의 경우 부분적으로 폐쇄적이거나 읽기조차 안 되는 경우가 많습니다. 출장 등에서 찍은 사진, 동영상을 컴퓨터로 옮기고 싶을 때, 사진이 얼마 없으면 메일 등으로 보내면 되지만, 많은 경우 이 애플리케이션을 사용하는 것을 추천합니다. iXpand라는 'USB ↔ 라이트닝'이 가능하도록 하는 약 2~3만 원의 USB 메모리를 함께 사야 하지만, 사진을 많이 옮겨야 하는 경우에는 매우 추천하는 세트입니다.

03 신입사원이 자주 묻는 질문(FAQ)

Q1. 점심시간에 따로 식사를 하거나 요가 등의 강의를 듣고 싶은데 눈치를 봐야 할까요?

A1. 배치를 받은 후 얼마 되지 않았을 때는 되도록 팀원들과 함께 점심을 같이 먹고 시간을 보내는 것을 추천합니다. 물론 불편할 수도 있지만, 팀원들의 입장에서 보면 새로운 신입사원이 쉽게 적응할 수 있도록 많은 도움을 주고 싶을 것입니다. 하지만 바로 쌩하고 개인 시간만을 추구하는 모습을 보여준다면 다소 서운할 수도 있다고 생각합니다.

저 역시 최근 건강 관리를 위해 도시락을 싸간 다음 따로 먹고 휴식의 시간으로 점심시간을 활용하는 편입니다. 하지만 새로운 팀에 전배를 간다면 한두 달 정도는 함께 시간을 보내고 담소도 나누고 적응하는 데에 많은 도움을 받고자 노력하고 있습니다. 이후에는 점차 나만의 시간으로 활용하며 외부에서 헬스, 요가 등을 하거나 자기 계발의 시간으로 사용해도 상관없습니다.

Q2. 배치받은 부서에서 배우는 것이 없어 새로운 부서로 가고 싶어요.

A2. 우선, 현재 교육 과정을 진행하고 있는 기간인지 확인이 필요합니다. 교육 중에는 업무 지식이나 스킬 등에 대해서 배우는 과정이기 때문에 다소 배우는 것이 없다는 생각이 들 수도 있기 때문입니다. 만약 OJT 등의 교육이 다 종료된 상태에서 몇 달 업무를 하고 있지만 성장하는 느낌이 들지 않는다면, 내가 배우고자 하는 노력을 기울였나 생각해보는 것을 추천하고 싶습니다.

만약 끊임없이 노력하고 있는데 발전하고 있다는 생각이 전혀 들지 않는다면 다짜고짜 인사담당자에게 찾아가 새로운 부서에 옮기고 싶다고 얘기하는 것은 옳지 않습니다. 우선 가까운 사수, 이후에 파트장 및 팀장님께 개별 면담을 통해 솔직하게 말씀드리면서 이러한 감정 등에 대해 솔직하게 터놓는 것이 좋습니다. 외면하는 분은 거의 없을 것이며, 어떠한 부분에서 그러한 감정을 느꼈는지, 어떻게 개선하면 좋을지 자세히 물어보며 최대한 도움을 주려고 노력할 것입니다.

이처럼 여러 방면의 노력에도 불구하고 새로운 부서에 가고 싶을 수 있습니다. 원하는 목적이 '도피성'이 아니라 '새로운 CDP' 추구라면 응원하겠습니다. 하지만 전제조건은 '1년 이상 기존 팀에서 근무함'이 될 것 같습니다. 여러 어려움이 있어도 최소 1년은 몸담아야 내 열정과 끈기를 인정받을 수 있기 때문입니다.

Q3. 아무도 업무를 가르쳐주지 않아요.

A3. 대부분 맡은 업무가 많아 신입사원이 왔음에도 불구하고 신경 쓸 겨를이 없거나, 그 밖에 다른 이유로 많은 관심을 주지 못하기 때문이라고 생각합니다. 하지만 신입사원이 '열심히 배울 자세'를 갖추는 것을 요구하기에, 기존의 팀원들 역시 '열정적으로 가르치고 체계적으로 학습시킬 자세'를 갖춰야 한다고 생각합니다. 저 같은 경우에도 새로운 신입사원 배치에 대한 안내를 받으면 약 한 달 전부터 OJT 자료 작성부터 스케줄까지 작성하고, 기타 사무용품까지 사전에 발주하여 적응하고 관련 업무를 배우는 데에 소홀하

지 않도록 챙기는 편입니다.

만약 며칠이 지나도 그 누구도 업무에 대해 가르쳐주지 않는다면, 조심스레 사수(없다면 바로 위의 상사)에게 도울 일이 없는지 물어보고 최대한 적극적으로 다가가는 것이 좋습니다. 대부분 일손을 필요로 하지만 가르치는 데 소요되는 시간(짧게는 30분, 길게는 1시간 이상)이 없어서 부담을 느낄 수 있기 때문입니다. 옆에서 하나라도 더 돕기 위해 노력하고 작은 부분 하나라도 더 배우려는 모습을 보인다면 관련 업무에 대해 하나씩 알려주려 할 것이라 생각합니다.

Q4. 다들 없는 사람에 대해 험담(일명 뒷담화)을 하는데 어떻게 반응해야 할지 모르겠어요.

A4. 신입사원이 이러한 뒷담화를 주도하는 경우는 거의 없을 것으로 생각합니다. 우연히 담소를 나누는 자리에서 의도치 않게 남을 욕하는 대화 등을 듣게 된다면 동조하거나 덧붙이는 것이 아닌 '가만히 듣는 자세'를 유지하는 것이 좋습니다. 그럼에도 불구하고 해당 내용에 대해 내 의견을 묻는 등 적극적인 개입을 요청한다면 "아직 입사한 지 얼마 안 돼서 잘 모르겠습니다" 등으로 직접적인 의견을 얘기하지 않는 것이 향후 회사생활을 이어 나가는 데에 도움이 될 것

으로 생각합니다.

'앞에서 하지 못할 말은 뒤에서 하지도 말라'는 말이 있습니다. 뒷담화를 주도하거나, 주도하지 않더라도 이에 호응하거나 같이 욕하는 행동은 자제해야 합니다. 특히나 회사 안에서 비밀은 없기 때문에, 같이 뒷담화에 가담한다면 추후 곤란한 상황을 맞이할 수 있습니다. 즉, 최대한 그러한 장소나 상황을 피하되, 어쩔 수 없이 대화를 듣게 된다면 가만히 듣는 소극적인 자세를 유지하는 것이 좋습니다.

Q5. 투잡을 통해 수입을 늘리고 싶어요.

A5. 최근 물가 등 내 월급 빼고 모든 것이 오르는 상황이기에 투잡을 통해 수입원을 다각화하고 전체 수입 역시 늘리는 것을 목표로 하는 신입사원들이 늘어나고 있습니다. 내 역량과 능력에 한계를 두지 않고 지속적으로 도전하는 것은 좋다고 생각합니다. 하지만 그 전에 약 1년 정도는 해당 회사, 직무에 대해 체계적으로 배우고 적응한 다음 도전하는 것을 추천하고 싶습니다. 어느 정도 적응이 되지 않은 상태에서 섣불리 투잡을 하게 된다면 두 가지 모두 제대로 해내지 못하는 상황이 발생할 수 있기 때문입니다.

1년 정도 업무에 대해 배운 다음에는 평소 하고 싶었던 투잡 분야에 대해 병행해서 학습하고, 할애하는 시간 역시 점진적으로 늘리면서 두 마리 토끼를 모두 잡는 것이 좋지 않을까 싶습니다. 저 역시 첫 번째 회사에서는 약 5년 동안 회사 업무만 수행했고 투잡 등의 다른 활동을 하지 않은 것이 사실입니다. 하지만 퇴사한 후, 두 번째 회사에서 업무를 시작했을 때에는 4년 차부터 투잡을 시작해서 지금까지 이어오고 있습니다. 물론 예외적으로 체력이 뛰어나거나, 머리가 비상하거나, 투잡에 대한 아이디어가 좋거나 등 여러 이유로 바로 도전하여 성공하는 경우도 있습니다. 하지만 이는 극히 드물기 때문에 조금은 보수적으로 접근하라고 조언을 드리고 싶습니다.

또한 투잡을 시작하기 전에 사규 등을 통해 가능한 범위에 대해 명확히 확인하는 것이 필수입니다. 단순히 '회사에서 어떻게 알겠어?'라고 생각하고 시작하면 나중에 돌이킬 수 없는 결과로 이어질 수 있습니다. 인사 규정 내 겸업 제한 등의 내용을 명확하게 확인한 후 조심스럽게 접근해야 합니다. 더불어 매우 가까운 사이인 회사 동료가 아니라면 비밀을 유지하는 것이 중요합니다. 앞서 여러 번 강조한 것처럼 회사 내에는 비밀이 없기 때문에, 추후 좋지 못한 영향으로 부메랑처럼 돌아올 수 있습니다. 그리고 투잡이 크게 성공한 사실이 퍼진다면, 기분 나쁜 견제와 핍박 등을 당할 수 있습니다.

Q6. 인사팀으로부터 평소 원하던 직무에 전배를 제안받았는데 오지(또는 해외)입니다. 가는 것이 맞을까요?

A6. 평소 꼭 가고 싶었던 부서 또는 직무라면 이러한 질문을 하지 않을 가능성이 크다고 생각합니다. 그러나 다소 조심스러운 성격이라면 해당 질문을 하는 경우도 종종 있습니다. 결론부터 말씀드리면, 예상할 수 있는 또는 예상하지 못한 어려움을 마주해도 슬기롭게 극복하며 원하는 직무 지식을 함양하고 배우는 것이 좋다는 생각이 든다면 과감하게 도전하는 것을 추천하고 싶습니다.

저 같은 경우에도 해외로는 쿠웨이트, 말레이시아 등에서 2년 이상 근무하였고, 국내로는 서산, 부산, 진천 등 다른 동기나 선후배들이 가기를 꺼리는 곳에서 많이 근무했습니다. 더 많은 현장을 경험하고 싶었고, 인프라가 제대로 구축되지 않은 '제로 베이스' 시점부터 하나씩 쌓아 올리며 제가 갖고 있는 한계를 검증하고 역량을 심화하고 싶었습니다. 몇 년이 지난 후 돌아본 지금은 매우 만족하고, 해당 시점에 똑같은 기회가 주어진다고 해도 과감하게 선택할 거로 생각합니다. 물론 기혼자이거나 다른 기타 개인적인 사유로 선택하기 쉽지 않은 경우도 있을 것입니다. 하지만 원하던 기회가 자주 오지 않기에(심지어는 이후로 전혀 오지 않는 경우도 존재) 중대한 사유가 없다면 도전을 통해 나만의 CDP를 갖고 차별화된 인재로 성장하는 것을 추천하고 열렬하게 응원합니다.

Q7. 입사한 지 얼마 되지 않았는데 퇴사하고 싶습니다.

A7. 가장 드리고 싶은 말은 "퇴사하기 위해 주저하지 마세요"입니다. 물론 그러한 생각이 들었을 때, 바로 그만두라는 얘기는 아닙니다. 충분히 수십 번 이상 당연히 고민해 보았을 거로 생각합니다. 이러한 과정에서 "무조건 3년은 채워야 한다", "그만두더라도 새로운 직장을 구한 뒤에 그만두어야 한다" 등 많은 이야기를 들었을 것입니다.

그러나 제일 중요한 것은 나 자신이며, 여러 번 고민해도 더 이상 비전이 없거나 이 회사 안에서 다른 돌파구가 나오지 않는다는 판단이 들면 과감히 퇴사하는 것 또한 하나의 방법이 될 수 있습니다. 저 역시 국내 1위 대기업에서 약 5년 동안 근무했지만, 개인적인 비전이 보이지 않는 등 여러 이유로 인해 과감하게 퇴사했습니다. 즉, 퇴사하는 것 역시 용기라고 말씀드리고 싶으며, 내 입맛에 맞지 않아서 등 단순히 일차원적인 이유가 아니라면 새로운 도전과 선택 역시 응원하고 싶습니다. 고민하면서 헛되이 다니는 이 시간이 나중에 돌이켜봤을 때 아쉬움으로 가득 찰 수 있으니까요.

Q8. 다들 야근하고 정시 퇴근을 하는 팀원은 거의 없는데 반강제로 야근을 해야 하나요?

A8. 개인적인 가치관에 따라 답변 역시 달라진다고 생각합니다. 업무가 끝났어도 야근을 통해 부족하지만 팀원들의 업무를 조금씩 도와주며 성장하는 기회로 삼아야 한다는 의견이 있습니다. 반대로 맡은 업무가 끝났으면 먼저 퇴근한 후, 퇴근 이후의 시간을 온전히 나를 위해 써야 한다는 의견이 있습니다.

두 의견 모두 정답이 될 수 있다고 생각합니다. 제일 피해야 하는 자세는 정시 퇴근을 하는 길에 '야근을 하면서 일을 도와야 하나?'라고 생각하거나, 야근을 하면서 '아… 그래도 아까 일찍 갈 걸…'이라고 생각하는 것입니다. 즉 명확하게 내 의견과 입장을 취했으면 믿고 나아가면 됩니다. 정답은 없으나 내 행동에 후회가 없도록 자신을 믿고 나아간다면, 그 과정에서 또 나름의 교훈을 얻거나 성장하는 모습을 볼 수 있을 거로 생각합니다.

Q9. 신입사원에게 필요한 자세는 무엇인가요?

A9. '적극적인 자세'와 '주도적인 자세'라고 생각합니다. 일단, 적극적인 자세가 필요하며, 주어진 업무 외에도 성장하기 위한 노력을 하거나 새로운 업무에 대해 배우고 학습하기 위한 자세가 요구됩니다. 또한 업무를 수행하는 과정에서 예상하지 못한 어려움이나 문제를 마주해도 쉽게 포기하는 것이 아닌 적극적으로 도전하며 나아가려는 노력을 보이는 것을 강조하고 싶습니다.

이와 함께 주도적인 자세 역시 필요한 부분입니다. 아직 미흡할 수는 있지만, 업무 수행 범위가 넓어질수록 새로운 업무에 대해 주도적으로 이끌려고 하거나, 단순히 업무를 하는 것을 넘어 자신만의 생각을 곁들이고 새로운 방향을 제시하는 것 역시 필요하다고 생각합니다.

"아… 아직 제가 잘 몰라서요", "아직 신입사원이라 시간이 조금 더 필요합니다" 등의 변명 아닌 변명은 입사 후 약 3개월까지라고 생각합니다. 알을 깨고 성장하기 위한 노력과 함께 앞서 언급한 적극적인 자세와 주도적인 자세를 보여드린다면 궤도에 올라 금세 '퀀텀 점프(Quantum Jump, 대약진 또는 대도약)'를 달성할 수 있을 거로 확신합니다.

Q10. 공통 교육 후 새로운 부서에 배치되어 첫 출근을 앞두고 있습니다. 해당 부서의 부서장님께 사전 연락을 취하는 게 예의일 것 같은데 문자나 카톡으로 연락해도 되나요?

A10. 사전에 연락을 취하는 것은 예의가 맞습니다. 하지만 일명 '전화 포비아'나 바쁘실 것 같아 죄송스러운 마음 등으로 인해 전화가 아닌 문자 등을 통해 연락하는 것은 어떤지 물어보는 신입사원이 많습니다.

결론만 말하면 무조건 '전화를 드리는 것'이 정답이라고 할 수 있습니다. 회사 내 문화도 많이 바뀌었고 계속해서 바뀌고 있지만, 아직까지 대면하기 전 첫 연락을 할 때는 문자나 카톡이 아닌 '전화'를 답으로 생각하는 분들이 많습니다. 저 역시 여기에 공감하는 바이기도 하고요. 전화는 생각할 수 있는 시간이 충분히 주어지는 문자와 달리 물음에 즉시 답해야 하고, 멘트도 미리 준비해야 하는 등 긴장이 되는 것이 사실입니다. 하지만 이러한 긴장을 이겨내고 예의 있게 먼저 전화를 한다면 해당 부서장님이 무척이나 좋아하실 거로 생각합니다.

미팅이나 다른 사유로 인해 바빠서 전화를 받지 않는 경우에는 '안녕하십니까? 이번에 새로 ○○팀에 배치받은 ○○○이라고 합니다. 사전에 먼저 인사드리고자 전화를 드렸습니다. (후략)'라고 문자를 조심스레 남겨 놓는 것이 좋습니다. 그러면 수십 분 내로 밝은 목소리를 탑재한 부서장님의 전화를 받을 수 있을 것입니다.

Q11. 회사생활을 하면서 인간관계에서 회의감을 많이 느끼고 있습니다. 팀 내 회식, 동기 모임 등 억지로 참여하며 스트레스를 계속 받아야 할까요?

A11. 결론부터 말하자면 억지로 참여하며 스트레스를 받는 것을 그만해도 좋다고 생각합니다. 즉, 어느 정도의 참여는 필요하지만, 필수적인 굵직한 회식에만 참여하면 되고 감정 소모만 한다고 느껴지는 동기 모임 등에는 억지로 참여하지 않아도 좋습니다.

저 같은 경우에도 첫 번째 회사에 다닐 때는 온갖 회식에 참석하고 동기 모임도 빠지지 않고 대부분 참여한 것으로 기억합니다. 하지만 그럴수록 개인 시간은 줄어들고, 나중에는 점점 스트레스를 받는 모습을 볼 수 있었습니다. 그럼에도 불구하고 용기 내서 불참하거나 바꾸지 못했고, 약 5년 근무 후 퇴사할 때 이러한 것들이 큰 후회로 다가왔습니다. 퇴사 후 새로운 회사에 다니고 있지만, 첫 번째 회사에서 함께했던 동료, 선후배, 동기들 중 연락하는 사람들은 10명 남짓한 정도입니다. 그렇기 때문에 어울리는 것을 좋아하지 않고, 어울리는 과정에서 오히려 스트레스를 받거나 회의를 느낀다면 과감하게 참여하지 않는 것을 추천합니다. 단, 중요한 것은 참여하지 않은 모임에서 주고받은 대화나 주제에 대해 관심을 갖고 캐묻거나 같은 내용을 함께 알기 위해 노력하는 것은 좋지 못한 모습이기에 지양해야 한다고 생각합니다.

물론 '인적 네트워크' 역시 나의 자산 중 하나가 될 수 있지만, 이점보다 큰 스트레스를 느낀다면 과감하게 포기하는 것도 좋은 방법이 될 수 있다고 생각합니다.

Q12. 입사 후 열심히 업무를 배우고 있는데, 5년 후 또는 10년 후의 내 모습이 그려지지 않고 어떤 일을 하고 싶은지 등 미래가 명확하게 와닿거나 떠오르지 않습니다.

A12. 당연하다고 생각합니다. 구체적인 미래와 명확하지 않은 향후 내 모습이 불안으로 다가올 수 있지만, 이는 당연한 현상입니다. 저 역시 현재 총 10년 이상의 사회생활 경험을 해왔지만 현재도 향후 어떠한 위치에서 어떠한 모습으

로 어떠한 일을 하고 있을지 쉽게 상상할 수 없습니다.

구체적인 미래는 나 자신이 만들어가는 것이지만, 너무 구체적일 필요는 없다고 생각합니다. 우연한 계기로 직무를 바꿀 수도 있고, 예상하지 못한 좋은 기회로 더 큰 역량을 얻거나 성장의 발판을 마련할 수도 있다고 생각합니다. 즉, 인생만큼 회사생활 역시 예측할 수 없는 많은 순간들로 이루어져 있기에 불안해할 필요는 없습니다.

물론, 미래를 미리 고민하고 최대한 구체적으로 설정하는 것은 좋지만, 그보다는 현재에 집중하고 전문성을 함양하며 보다 나은 내일의 내 모습을 다소 추상적으로 그리는 것도 나쁘지 않을 것입니다.

Q13. 업무에 대한 실수가 반복되어서 꾸중을 많이 듣고, 자신감 역시 하락하고 있습니다. 어떻게 해야 할까요?

A13. 신입사원의 특권은 '실수해도 용서받을 수 있다'는 것입니다. 하지만 이는 한 가지 업무에 대해 여러 번 실수해도 용납이 된다는 것을 뜻하지는 않습니다. 즉 실수를 통해 배우고 같은 실수는 최대한 반복하지 않아야 한다는 것을 의미합니다.

이를 위해 가장 중요한 것은 '발전하고 있는 모습'을 보여주는 것이고, 더불어 메모 등을 통해 '실수를 반복하지 않으려는 노력'을 보여주는 점이라고 생각합니다. 메모나 PPT, Excel 등을 활용한 자료 작성 및 복습을 통해 같은 실수를 반복하는 것을 최대한 지양해야 합니다. 그리고 수동적이었던 모습을 탈피하면서 점점 적극적으로 업무를 습득하고, 더불어 발전하며 성장하고 있다는 모습까지 보여준다면 칭찬과 함께 조금씩 자신감을 얻을 수 있지 않을까 싶습니다.

또 한 가지 강조하고 싶은 것은 누구나 실수는 할 수 있고 꾸중을 들을 수 있다는 점입니다. 과도하게 좌절하거나 자책하는 것이 아닌, 툭툭 털고 일어나서 좀 더 자신감 있게 업무를 수행하고 배울 수 있도록 노력하라고 얘기하고 싶습니다.

Q14. 입사가 빠른 편이라 후배들의 나이가 저보다 많아요. 어떻게 대해야 할까요?

A14. 나이가 나보다 많은 후배가 들어오면 다소 걱정이 많겠지만, 나이가 적든 많든 후배를 대하는 방법에는 차이가 없다고 생각합니다. 즉 똑같은 후배로 대하면서 업무적인 스킬을 전해주는 등 친절하게 하나라도 더 알려주려고 노력

하면 됩니다.

저 같은 경우 20대 중반에 첫 회사에 입사했기 때문에, 이후로 2~3년 동안 들어온 후배들이 다 저보다 나이가 많은 경우가 많았습니다. 하지만 예의 있게 대했고, OJT 자료 등을 직접 만들고 지식과 저만의 노하우를 체계적으로 정리한 다음 교육 등을 통해 알려주는 등 회사에 적응시키고 함께 성장하도록 만들기 위해 노력했습니다. 그 결과 오히려 동기보다 친하게 지내는 후배들이 더 많았고 지금까지도 연락하며 지내고 있습니다.

Q15. 월급을 받기 시작하니 재테크도 해야 할 것 같은 느낌이 듭니다. 신입사원은 재테크를 어떻게 시작해야 할까요?

A15. 재테크의 종류는 워낙 다양하고, 사람마다 그 기준과 스타일이 다르기 때문에 분야나 상품을 추천하기는 힘듭니다. 하지만 가장 중요한 두 가지 요소를 강조하고 싶습니다.

첫째, 남는 돈을 저축하는 것이 아닌 재테크 등을 위한 돈을 먼저 따로 **빼놓는** 것입니다. 대부분의 신입사원이 착각하기 쉬운 부분이라고 생각합니다. 보통 '이번 달에는 ○○만 원이 남았으니 이 돈을 어떻게 재테크하지?'라고 생각하기 쉽지만, 이것은 정답이 아닙니다. 약 2~3개월 동안 내 지출을 명확히 파악한 다음, 불필요한 소비를 줄이고 이를 바탕으로 재테크에 투자할 금액을 설정하는 것입니다. 그다음 월급부터 이를 바로 적용한 후, 남은 금액에서 효율적으로 생활비 등을 사용하면 더 효율적인 재테크가 가능할 것으로 생각합니다.

둘째, '종잣돈'을 모으는 것입니다. 재테크의 기본은 종잣돈입니다. 그렇기 때문에 목표로 하는 금액과 기간을 명확히 설정한 후, 해당 종잣돈을 모으기 위해 재테크를 시작하는 것을 추천합니다.

Q16. 회사에 있는 '자기 계발 휴직' 제도를 사용하고 싶어요. 주위에 사용하는 사람이 많이 없는데 과감하게 사용해도 되나요?

A16. 최근 임직원의 다양한 니즈를 파악하고, 이러한 부분에 부합하는 획기적인 제도를 신설하는 회사가 많아지고 있습니다. 자기 계발 휴직, 야간대학 지원, 유연근무제, 육아휴직 등이 그 예시가 될 수 있습니다. 하지만 주위에 사용하는 구성원들이 많지 않고 여러 눈치가 보이는 상황, 개인적인 걱정 등으로 인해 적극적으로 사용하는 분들이 많지 않은 것이 사실입니다.

개인적으로는 회사에서 정한 일정 기준에 부합하고 내 니즈가 업무를 통해 얻는 성과보다 크다고 판단한다면 과감하게 사용하라고 조언하고 싶습니다. 실제로 현재 부서에서 거의 사용하지 않는 유연근무제를 적극적으로 사용한 사람이 저입니다. 얼마 전 태어난 딸과의 시간을 더 많이 보내고자 육아휴직도 사용하고 있습니다. 물론 이러한 부분에 대해 다소 좋지 못하게 생각하거나 반대하는 입장인 분들이 있을 수 있습니다. 하지만 이러한 의견에 휘둘리는 것이 아닌, 나 자신의 성장이나 가치관에 따른 행동이라면 과감하게 사용하는 것을 추천합니다.

이러한 내 행동과 선택을 더욱 돋보이게 하기 위해서 가장 중요한 것은 해당 제도의 사용 전후 업무에 대해서도 소홀히 하지 않는 것이라고 생각합니다. 예를 들어 자기 계발 휴직, 육아휴직 등을 앞둔 상태라고 업무를 소홀히 하거나, 내가 없는 공백 기간에 누군가가 나를 대신해서 할 거라는 안일한 생각으로 업무 인수인계 역시 하지 않는 등 실망스러운 모습을 보인다면 그 사람은 머지않아 도태될 것입니다. 그럼 어떻게 해야 할까요? 제도를 사용하는 사람을 응원해주고 복귀했을 때 환영받을 수 있도록 맡은 역할을 소홀히 하지 않는 것입니다. 또한 제도의 신설 목적과 사용 용도에 부합하게 사용하는 것입니다.

이와 함께 강조하고 싶은 것은 '나 몰라라' 식의 갑작스러운 제도 사용이 아닌 최소 한 달 전 부서 내 부서장, 구성원들과의 충분한 커뮤니케이션입니다. 사용 기간, 목적에 대해 충분히 설명하고, 업무 공백에 대해서는 어떻게 계획을 세울지 얘기하고 구성원들의 피드백도 적극적으로 반영하는 모습을 보여줘야 합니다. 결국 구성원 모두가 하나의 조직이기 때문입니다.

이러한 점들에 유의해서 위 제도를 사용한다면 거의 모든 사람이 환영하고 우리의 앞날을 열렬하게 응원해줄 것으로 생각합니다.

Q17. 다른 회사로 이직하고 싶습니다. 회사에 다니면서 준비하자니 시간이 부족하고, 과감하게 퇴사하자니 미래에 대한 불안감이 있습니다. 이럴 때는 어떻게 해야 할까요?

A17. 한 기업에 입사해서 정년퇴직 때까지 다니는 아름다운 이야기는 과거의 이야기로 여겨지고 있습니다. 최근 입사하는 신입사원도 한 기업에 올인하기보다는 자신의 가치인 몸값을 올리며 나를 더 인정해주는 회사로 이직하는 것을 꿈꾸고 있습니다.

경력사원 중에도 어느 정도 연차를 채우며 업무 역량을 끌어올린 다음 이직을 준비하는 분들이 많아지고 있습니다. 이때쯤 되면 처음 입사보다 더 많은 업무를 수행하고 있기 때문에 간혹 야근을 하기도 하고, 야근하지 않더라도 퇴근 후에는 진이 빠져 자격증 취득, 경력기술서 작성 등 이직을 준비하기 위한 노력을 하기 힘든 경우가 많다고 생각합니다. 하지만 그렇다고 과감하게 퇴사한 후 준비하는 것에는 큰 리스크가 따릅니다. 동시에 두 가지를 하는 것이 힘들어서 고민 끝에 퇴사하는 것으로 결정했다면 다음과 같이 한 번 더 생각해보는 것을 얘기하고 싶습니다. 매달 일정한 날에 일정한 금액이 들어온다는 안정감이 생각보다 꽤 크기 때문입니다.

이 회사라는 장신구를 벗었을 때 나의 차별화된 강점이 있는지, 3년 이상 근무했는지(업무 전문성), 공백기가 발생했을 때 면접관을 설득할 수 있는 이유가 될 활동을 할 수 있는지, 공백기가 생각보다 길어졌을 때(1년 이상) 재정적으로 문제가 없는지 등의 질문에 충분히 답할 수 있다면 퇴사해도 무방합니다.

하지만 이에 앞서 정말로 준비할 시간이 없어 병행하는 것이 큰 문제가 있는지, 일상생활에 지장을 줄 정도인지 확인하는 것이 필요합니다. 정말 간절하게 이직하고 싶어서 고용 중이라는 안정감 속에 잠을 줄이고 점심시간까지 할애하며 경쟁력을 올리기 위해 끊임없이 노력하는 사람들이 많기 때문입니다.

저 같은 경우에도 과감하게 일을 그만두고 약 8개월간의 공백을 거친 후 현재 회사에 신입사원으로 입사하여 지금까지 다니고 있습니다. 이처럼 과감한 퇴사를 경험한 선배로서 조언을 하자면, 활용할 수 있는 모든 시간을 활용하여 일단 한 달 정도 준비해보고, 그럼에도 불구하고 여의치 않다면 퇴사를 결정하는 것입니다. 이 한 달 동안 신입을 희망하면 신입, 경력을 희망하면 경력으로 입사지원서를 써보며 내 경쟁력에 대해 객관적인 평가를 받아보는 것을 추천합니다.

Q18. 신입사원에게 가장 추천하는 자기 계발은 무엇인가요?

A18. 다소 진부하게 느껴질 수 있지만, 현재까지 약 11년 동안 업무를 수행하며 느꼈던 가장 좋은 자기 계발은 '어학 능력 향상'이라고 생각합니다.

"저는 국내 영업 직무인데요?"

"영어는 이미 일정 수준 이상의 실력을 갖추고 있습니다."

대부분 이렇게 얘기할 수 있습니다. 그러나 영어와 큰 관련이 없는 직무를 수행하고 있어도 회사생활을 통해 성장하는 과정에서 결국에는 언젠가 영어 등의 어학 능력이 필요한 경우가 꼭 올 거라 확신합니다.

예를 들어 생산직이라고 하더라도, 해외 설비를 들여와서 영어로 된 매뉴얼을 읽고 조치하며 시운전을 해야 하는 경우가 발생할 수 있습니다. 또는, 국내 영업 담당자라고 해도 해외 선진사의 영업 담당자와의 미팅을 통해 노하우를 체득할 수 있는 좋은 기회를 얻을 수도 있다고 생각합니다. 여기에서 얘기하는 어학 능력은 개인마다 다르지만 최소한 읽고, 쓰고, 유창하게 대화를 주고받을 수 있는 수준을 말합니다. 만약, 해당 수준의 영어 실력을 이미 갖추고 있다면 자주 사용하게 되는 제2외국어의 실력을 향상하는 것도 내 역량 차별화의 좋은 방법이 될 수 있습니다.

이러한 조언을 하면 가장 많이 듣는 말이, "자기 계발을 위해 쓸 시간이 부족합니다", "어디서부터 해야 할지 모르겠습니다" 등입니다. 전화영어를 통해 역량을 향상해도 되고, 출퇴근 길에 짬을 내서 유용한 애플리케이션을 활용해도 됩니다. 또는 자차로 통근한다면 영어 라디오 듣기 등 활용할 수 있는 수단은 얼마든지 있습니다. 더불어 자신의 역량에 대해 객관적인 평가를 받아본 후, 활용할 수 있는 시간과 방법 등을 바탕으로 체계적으로 계획을 수립한 후 꼼꼼하게 실행하는 것은 어렵지 않다고 생각합니다.

예상할 수 있는 모든 답변은 결국 '변명'으로 들릴 수밖에 없습니다. 그렇다고 1~2시간 자고 몸을 축내면서까지 하라는 것은 아니지만, 일상생활에 지장을 주지 않는 선에서 노력을 극대화해봤는지 물어보고 싶습니다.

Q19. 신입사원에게 조언하고 싶은 한 가지가 있다면 무엇인가요?

A19. 지금까지 이러한 질문을 많이 받아왔습니다. 업무 습득 속도가 다소 떨어져도 되고, 가끔 어쩔 수 없는 이유로 지각을 해도 됩니다(물론 아주 간혹). 그러나 가장 중요한 것은 항상 '솔직하게 모든 것을 말하는 자세'라고 강조하고 싶습니다.

업무를 하며 실수할 수도 있고, 예상하지 못했던 좋지 못한 결과가 나타날 수도 있습니다. 이러한 부분에 대해 질문을 받았을 때, 놀라거나 실수를 일시적으로라도 감추고자 거짓말을 하는 경우를 가끔 마주했었습니다. 하지만 결국 이메일, 유관 부서 담당자 등을 통해 거짓말은 금방 들통나고 해당 신입사원에 대한 신뢰는 점점 무너졌던 기억이 있습니다.

누구나 실수할 수 있습니다. 그러나 다소 보수적인 문화, 공격적인 상사의 질문 등으로 인해 당황하여 조금이나마 무마하기 위해 거짓말을 시작한다면, 이 거짓말은 끊임없이 다른 거짓말을 낳을 것입니다. 신입사원의 가장 큰 무기는 '어떠한 실수든 용서받을 수 있다'라고 생각합니다. 물론, 같은 실수를 지속적으로 반복한다면 문제가 되겠지만, 단발성 실수나 새로운 유형의 실수에 대해서는 솔직하게 드러내는 것이 좋습니다. 내가 실수한 부분에 대해 물어보는 부분도 질책하거나 추궁하려는 것이 아닌, 어떠한 실수인지 명확히 파악한 후 우리를 대신하여 조치하고 해당 업무를 다시 본 궤도에 올려놓기 위해서일 것으로 생각합니다.

이러한 방향에서 근태 역시 항상 솔직해야 합니다. 업무를 하다 보면, 외근, 출장 등이 조금씩 생길 텐데 해당 업무가 끝난 후 개인 업무를 보며 늦게 들어오는 등의 행동은 지양해야 합니다. 언제 업무가 끝나서 복귀할 예정이라고 전달한 후 복귀해야 하고, 복귀 후 퇴근 시간이 될 것으로 예상될 때는 바로 퇴근을 지시하는 등 유연하게 대처하는 분들이 많기 때문에 자체적으로 판단하는 것이 아닌 모든 부분에 대해 솔직한 모습을 보여야 합니다.

Q20. 의도하지 않은 방향으로 말이 와전되고, 말로 인해 자꾸 곤란을 겪어요.

A20. 일단 내뱉은 말은 다시 주워 담을 수 없습니다. 가벼운 실수라면 다들 웃고 넘기겠지만 평소의 회사, 어떠한 인물 등에 대해 좋지 못하게 생각했던 부분들을 가감 없이 드러내서 곤란함을 준다면 그것은 우리에 대한 이미지로 연결될 수 있습니다. 특히 술자리나 회식 자리 등에서 이러한 실수를 하기 쉽습니다.

이러한 실수를 미연에 방지하기 위해서 신중하게 생각하고 정리하여 말하고, 최대한 묻는 것에만 대답하는 것이 좋습니다. 업무에 대해 물으면 해당 부분에 대해서만 답변하고, 굳이 붙이지 않아도 되는 내 비판적인 의견(설사 합리적인 의견일지라도) 등은 곁들이지 않도록 합니다. 우리는 아직 신입사원이고 경험, 역량 등 부족한 부분이 많기 때문에 어떤 내용에 대해 합리적인 판단을 내리기 어렵고 객관적인 근거 역시 덧붙이기 어렵습니다. 그렇기 때문에 말은 최대한 아끼고 다른 구성원들의 의견에 최대한 귀 기울이며 공감할 수 있도록 하는 것이 좋습니다.

여기에 더하여 가장 중요한 것은 앞에서든 뒤에서든 특정 인물에 관해 험담하지 않는 것입니다. 특히 뒤에서 한 험담이 결국 그 사람에게 전해진다면 좋지 못한 결과로 이어질 수 있습니다. 경험상 시간의 길고 짧음의 문제이지 결국 험담이 그 사람에게 전해지는 경우가 대부분이었습니다.

마치며

 《신입사원 업무 스킬》을 집필하면서, 지난 두 번의 신입사원 순간을 돌아보며 더 많은 내용을 담기 위해 노력했습니다. 저 역시 아직도 미흡한 부분이 많지만, 매우 많이 부족했던 신입사원 시절을 다시 떠올려보니 참 많이 웃고, 울었던 추억들이 생각납니다. 중요한 것은 누구나 바로 꿈꾸던 '경쟁력 있는 경력사원'으로 시작하는 것이 아니라, 모든 사람이 '신입사원'부터 차근차근 성장해 나간다는 점입니다. 그렇기 때문에 다소 부족한 자기 모습이나 좌절의 경험을 통해 상처받거나 돌이킬 수 없는 회의감 등에 빠지지 않았으면 좋겠습니다.

이 책을 통해 많은 도움을 얻었으면 하는 작은 바람이 있습니

다. 관련한 모든 어려움을 한 번에 마주하는 것이 아니기에, 당장에는 큰 도움이 되지 못할 수도 있습니다. 하지만 이 책이 회사생활을 하며 예상하지 못한 어려움에 직면했을 때 생각나는 지침서이자 바이블이 되었으면 좋겠습니다.

마지막으로 하고 싶은 말은 주어진 역할을 충실히 수행하고, 나만의 경쟁력을 갖추는 것이 중요하다는 사실입니다. 그러나 회사생활에서 목표로 한 것들을 이루고, 슬기롭게 점진적으로 성장하기 위해서는 항상 '나다움'을 잃지 않아야 한다는 것을 강조하고 싶습니다. 여러 번 좋지 못한 피드백을 받거나 윗분들의 기대에 미치지 못하는 경우, 조금씩 자존감이 떨어지고 나다움, 나의 소중함을 잃는 경우를 다수 지켜봤습니다. 냉정히 말하면 아무리 남들이 들어오고 싶어 하고 네임 밸류가 뛰어난 회사여도, 결국 회사는 돈을 버는 수단이자 장소에 불과합니다. 그러기에 필요 이상의 자책을 통해 '자존감'을 잃지 말고, 나다움을 유지했으면 좋겠습니다.

신입사원에게 필요한 스킬과 노하우 등을 최대한 이 책에 담았지만, 회사생활을 하고 업무를 수행하다 보면 여기에서 언급하지 않은 어려움을 겪을 수도 있습니다. 그 숨겨진 퍼즐은 이 책을 읽는 모든 신입사원이 스스로 만들고 맞춰 나가길 바라며 이만 마치도록 하겠습니다.